中等职业教育市场营销专业系列教材
教育部中等职业教育改革创新示范教材入围教材

市场调查实务

SHICHANG DIAOCHA SHIWU（第2版）

◎主　编　肖院生

重庆大学出版社

内 容 提 要

市场调查是企业开展营销活动的前提和首要条件,企业只有在及时、准确和系统地收集市场信息的基础上,才能作出正确的营销决策。全书共分为 8 大任务模块,主要包括:我们应该以怎样的态度进行调查,我们应该调查什么,我们应该向谁调查,我们应该怎样调查(包括直接调查和间接调查),我们如何整理资料,我们如何分析资料以及如何撰写市场调查报告。

本书可以作为中等职业学校市场营销、电子商务等专业的学生教材,也可以作为企业市场营销从业人员的培训用书。

图书在版编目(CIP)数据

市场调查实务/肖院生主编.—2 版.—重庆:
重庆大学出版社,2014.11(2021.1 重印)
中等职业教育市场营销专业系列教材
ISBN 978-7-5624-8603-9

Ⅰ.①市… Ⅱ.①肖… Ⅲ.①市场调查—中等专业学
校—教材 Ⅳ.①F713.52

中国版本图书馆 CIP 数据核字(2014)第 224032 号

中等职业教育市场营销专业系列教材
市场调查实务
(第 2 版)
主 编 肖院生
责任编辑:沈 静 版式设计:沈 静
责任校对:贾 梅 责任印制:张 策

＊

重庆大学出版社出版发行
出版人:饶帮华
社址:重庆市沙坪坝区大学城西路 21 号
邮编:401331
电话:(023) 88617190 88617185(中小学)
传真:(023) 88617186 88617166
网址:http://www.cqup.com.cn
邮箱:fxk@ cqup.com.cn(营销中心)
全国新华书店经销
POD:重庆新生代彩印技术有限公司

＊

开本:720mm×960mm 1/16 印张:15.75 字数:282千
2015 年 1 月第 2 版 2021 年 1 月第 4 次印刷
ISBN 978-7-5624-8603-9 定价:39.00元

编委会

根据全国职教会议精神和教育部职成教司提出的课程改革和教材编写的要求，教育部中职教材出版基地——重庆大学出版社组织全国一批国家级重点中职学校的教师和业内资深人士共同编写了这套中等职业教育市场营销专业系列教材。

本套教材在培养目标与规格上力求与教育部《重点建设专业教学指导方案》保持一致，同时，充分考虑近年来中职学生生源状况和现代商贸企业岗位设置的变化与用工的实际情况，以围绕培养职场一线初级经营管理人员为核心，以培养其实际操作、应用能力为重点，以行动导向教育教学理念为指导，以任务驱动教学为特征，强调"做中学、学中做"，方便教师组织教学。

本套教材的编撰思路是：在充分分析商品经营与市场营销业务人员初级岗位主要工作内容的基础上，将其具体工作中应知与应会的知识和技能，综合在若干个与实际工作任务相吻合的学习与训练任务之中，而每一个学习和训练任务又综合包含了完成某项具体工作任务所必需的知识、技能和职业态度要求。

本套教材的各个分册为相对独立的教学课程，均由若干学习和训练任务构成，每个学习和训练任务均包含下列内容：

1.学习目标。规定本任务在知识、能力和情感领域所要达成的教学目标。

2.学时建议。提供本任务在教学时可量化的课型与课时参考意见。

总序

3.导学语。运用图片、对话、小故事、案例等形式,激发学生对本任务学习的兴趣,诱导学生对任务内容的探究心理,引入学习内容。

4.学一学。借助案例、小资料、小链接、想一想等形式,完成本任务所必须掌握的知识、技能的学习与训练和情感的养成,并适度拓展相关资讯。

5.做一做。对本任务所涉及的必须掌握的知识、技能及应予形成的情感,进行有针对性的实训活动组织。

6.任务回顾。小结本任务的核心知识与技能及必须形成的职业态度与情感。

7.名词速查。归纳本任务涉及的最基本的名词、术语和行话。

8.任务检测。通过多种形式的课业练习,巩固本任务所学到的知识并检查任务的完成情况。

本套教材作者多系中等职业学校的一线教师和业内职场人士,他们把对中等职业教育教学的思考与亲身体验所得到的感悟融入到教材的内容之中,或许与传统的教学内容有所差异,但正是这种差异,使得这套教材能够形成。囿于知识、经验、能力与环境等多重因素,本套教材也一定存在诸多值得商榷和有待完善的地方,敬请各位同仁提出宝贵的意见,对此,作者表示诚挚的感谢!

编委会

2014 年 8 月

遵照教育部《中等职业教育改革创新行动计划（2010—2012年）》，实施"中等职业学校专业与课程体系改革创新计划"的有关要求，我们积极参加教育部组织的中等职业教育改革创新示范教材遴选活动，本书也成为教育部中等职业教育改革创新示范教材的入围教材。对照改革创新示范教材遴选指标，根据教育部专家的修改意见，我们对《市场调查实务》一书进行了修订。

《市场调查实务》是财经商贸类及市场营销专业一门重要的专业课程。市场调查是市场营销组合10PS中的第1P，是企业首先开展的市场营销活动。在教材整体构架上，我们坚持以就业为导向，以学生为主体，着眼于学生职业生涯发展，注重职业素养的培养，同时适应课程教学改革的要求。按照企业营销人员完成整个市场调查活动设计教学内容，体现"四新"、必需和够用，对接职业标准和岗位要求，做到易学易懂。教材内容主要包括：我们应该以怎样的态度进行调查，应该调查什么，应该向谁调查，应该怎样调查，资料收集以后如何整理资料和分析资料，如何撰写市场调查报告等方面内容。每一模块内容以任务引领，强调学习目标和实训项目，以实践问题解决为纽带，实现理论、实践、知识、技能，以及与情感态度的有机整合。在"学一学"的同时，要求"做一做"，注重做中学，做中教，教学做合一，理论与实践一体化。教材内容从一开始强调"小组合作学习"，要求成立学习小组，组建调查团队，明确调查任务，以小组为单位一步一步完成整个调查任务。

与出版于2010年6月的《市场调查实务（第1版）》

第2版前言

相比，本书进一步改进了体例和内容，每一任务中按学习目标、实训项目、学时建议进行安排；增加了一些新的案例，对部分任务中的内容进行了增删，使内容更简洁明了；对各任务中的习题部分也进行了精细的加工。

在本书的修改过程中，我们走访了多家企业，与企业的专业人士进行深层次沟通，让企业行家从岗位实际和具体工作要求出发提出修改意见。主要走访的企业有：武商集团武汉国际广场购物中心、武汉中百百货有限责任公司、武汉中百便民超市连锁有限公司、武汉中商集团百货连锁事业部、深圳佘太翠玉业股份有限公司、武汉杰锐体育用品有限公司等。特别是武商集团武商培训学院、中商百货"杨家炎知识服务工作室"对本书提供了很好的修改意见。在此一并表示感谢。

本书第1版由武汉市第一商业学校肖院生拟订写作大纲并担任主编，同时编写任务3和任务6，武汉市第一商业学校潘环斌编写任务1，云南省玉溪财贸学校苏云梅编写任务2，武汉市第一商业学校黄锦和武汉供销商业学校周艳红编写任务4和任务5，武汉供销商业学校任洪润编写任务7和任务8。全书由肖院生负责修改和总纂。

在第2版的编写中，本书任务1和任务2由潘环斌修改，任务3和任务6由肖院生修改，任务4和任务5由黄锦修改，任务7由唐曾嫣修改，任务8由汪润球修改。全书由肖院生负责修改和总纂。在此也感谢对本书第1版作出贡献的编写者。

在编写本书的过程中，参考了国内大量的优秀著作和教材，借用了各种媒体的最新资讯，在此表示诚挚的谢意。由于编者水平有限，书中难免存在疏漏和不当之处，敬请专家和读者批评指正。

编　者

2014 年 8 月

目

录

任务6 我们如何整理资料

任务7 我们如何分析资料

任务8 我们如何撰写市场调查报告

参考文献

任务 1
我们应该以怎样的态度进行调查

 任务目标

1.正确理解市场调查的定义。

2.明确市场调查在企业营销活动中所起的作用。

3.掌握市场调查的基本原则,明确我们应该以怎样的态度进行市场调查活动。

4.把握市场调查的程序,循序渐进地开展市场调查活动。

 实训项目

成立学习小组,组建调查团队,明确调查任务。

 学时建议

1.知识性学习6学时。

2.案例学习讨论2学时。

3.完成实训项目2学时。

【导学语】

你知道什么是市场调查吗？市场营销战略4PS中的第1P是什么？市场调查在企业营销活动中真的那么重要吗？

你平时在做什么事情的时候比较重视调查？

我们应该怎样去做市场调查？

案例导入

能洗土豆的洗衣机

由于四川的农民喜欢用洗衣机洗土豆、地瓜、红薯等物品,导致他们的洗衣机常常出故障。海尔公司得知这一信息后,马上组织人员进行技术攻关,解决洗衣机不能洗土豆、地瓜等物品的缺陷。没过多久,四川各地市场上出售的海尔洗衣机上面都贴有"主要供洗衣服、土豆、地瓜、红薯等物"的标签。洗衣机问世以来,其功能一直被定格在洗衣服之上,而从来都没有人想到要将其功能延伸到洗土豆、地瓜、红薯等物品。其实,洗衣机洗土豆、地瓜、红薯等物品并不是什么不能攻克的科技难题,但得到这一需求信息非常重要。据报道,海尔公司攻克这个难题只用了几个月的时间,投入也不多,但创造了更多的社会价值和企业价值。

思考:这一案例对你有什么启示？企业掌握更多的市场信息有什么作用？

【学一学】

1.1　正确认识市场调查

1.1.1　市场调查的定义及理解

要了解市场调查的定义,首先要从了解调查开始。

1)什么是调查

同学之间谈话经常会说:你又不了解情况,瞎说什么? 不了解情况,就是没有进行调查。调查渗透到我们的日常生活中。那么,我们如何来给调查下一个定义呢?

调查,就是指到实地或现场去了解情况。

调查活动的范围广、种类多,一般而言,在做任何事情之前,都要作好调查。市场调查是其中的一种。

2)什么是市场调查

市场调查,顾名思义,就是到市场上了解情况或了解市场情况。要完整地掌握市场调查的定义,我们需要从以下几个方面着手:

(1)市场调查有名词和动词之分

①名词性的市场调查是研究和分析市场调查理论和方法的学科,是市场营销专业一门重要的专业课程。

例如:我们正在学习市场调查这门课。

②动词性的市场调查是指以市场为对象的调查研究活动过程。

例如:学完这门课程以后,我们要进行实际的市场调查活动。

(2)市场调查包括狭义的调查和广义的调查

①狭义的市场调查是指对消费需求所进行的调查,这种需求包括生产性需求和生活消费需求。

美国著名市场营销管理大师菲利普·科特勒对市场调查的定义是:针对购买者与消费者群体的调研活动。包括:判定谁是现实和潜在的购买者与消费者;调研购买者与消费者的规模、结构、特征及变化趋势;购买者与消费者的购买行为模式、影响购买行为的各种因素、购买决策过程、品牌与产品认知程度、企业形象、消费者满意度、价格、新产品市场测试等内容。

②广义的市场调查是指在狭义的市场调查的基础上,还包括对产品性能、形状、规格、重量、价格等方面进行的调查分析。

(3)基本定义

市场调查是指运用科学的方法,系统、全面、准确、及时地收集、记录、整理和分析市场现象的各种资料的过程,是有组织、有计划地对市场现象的调查研究活动。

3) 如何理解市场调查

结合市场调查的基本定义,从下列几个方面进行理解:

①谁要进行市场调查? 市场调查的主体是什么?

企业,从事市场营销活动的工商企业。

②向谁进行调查? 市场调查的对象是什么?

市场各种现象,包括企业内部、竞争者、经营者、消费者、市场营销环境等。

③为什么要进行调查? 市场调查的目的是什么?

收集各方面信息,为制订正确的营销决策提供依据。

④如何进行调查? 市场调查的手段是什么?

运用各种调查方法,系统、全面、准确、及时地收集、记录、整理和分析所需的各种资料。

 问题思考 你认为什么是一个好的市场调查?

①市场调查要运用科学的方法。

②市场调查要运用多种方法进行调查,避免过分依赖单一的方法,选择什么方法要适应调查的问题,而不是问题适应方法。

③调查要有创造性,要开动脑筋。

④要注意所收集信息的价值与成本之间的比例,尽量做到少花钱,多办事。

⑤对传统的假设要敢于怀疑。

1.1.2 市场调查的作用

案 例

日本人是怎样收集信息的

1959 年 9 月 26 日 16 时许,在松嫩平原上一个叫大同的小镇附近,从一座名为"松基三井"的油井里喷射出的黑色油流改写了中国石油工业的历史:松辽盆地发现了世界级的特大砂岩油田! 当时正值国庆之际,故起名大庆油田作为一份特殊的厚礼献给成立 10 周年的新中国。

大庆油田的诞生,使中国石油工业从此走进了历史的新纪元。1963 年 12 月 4 日,新华社播发《第二届全国人民代表大会第四次会议新闻公报》,首次向世界宣告:"我国需要的石油,过去大部分依靠进口,现在已经可以基本自给了。"中国石油工业彻底甩掉了"贫油"的帽子,中国人民使用"洋油"的时代一去不复返。但此时油田的地址、蕴藏量等基本资料仍处在保密之中。日本人特别注意收集信息，能够从细节上发现问题。1966 年 7 月，《中国画报》有王铁人头戴瓜皮帽的照片，日本人就推断出此地为-30 ℃的东北地区。后来，当他们看到有关大庆人用肩扛设备奋力建设大庆油田的报道就推断：油田一定离铁路不远，所以一定在中国的东北，因为只有在中国的东北才有铁路。再后来，当日本人从报告上看到一个村的地名后，它就完全确定了大庆油田的位置。1966 年 10 月，《人民中国》刊登出宣传王进喜的文章中，透露出一个"马家窑"的地名，日本人便推出大庆油田在安达车站附近。王进喜原在玉门油田，1959 年参加国庆观礼后就销声匿迹了，日本人由此推断出大庆油田的开发时间为 1959 年 9 月。然后，他们马上派人实地调查，根据当地的气温、湿度等气候条件特别为大庆油田制造有关设备。这次调查的成功，使日本后来在中国石油工业进口设备的谈判中占据主动，大获全胜，几乎垄断了我国的石油设备进口市场。

单看日本人在中国石油工业进口设备谈判的主动情形，不明真相者一定会认为他们有什么绝招呢。

思考：1.日本人是怎样收集我国大庆油田相关信息的？

2.日本人为什么如此重视收集我国大庆油田的各种信息？

1）市场调查与企业营销活动的关系

提示　没有市场调查，企业就无法开展正常的营销活动。

任何企业市场营销活动的开展，都是建立在掌握充分的市场信息资料基础之上的；作为市场营销战略 4PS 首位的市场调查，是企业收集信息资料的重要手段。

一个企业的全部营销活动，可以概括为下面 7 个环节：

①通过市场调查获得各种信息资料。

②进行信息处理并作出正确的营销决策。

③从市场上购买除信息以外的各种生产要素。

④组织生产过程并形成需要营销的商品。

⑤通过各种途径向市场传送商品信息。

⑥向市场投放产品并开展各种营销活动。

⑦从市场收回货币并反馈商品信息。

企业营销活动的开展，是从市场调查开始的，通过市场调查获得大量信息资料，对各种信息进行处理并作出营销决策，到最后收回货币并反馈商品信息，为下一个生产循环的顺利进行提供各种保证，如此周而复始，促进企业不断发展。

市场信息是企业的一项重要资源，离开了对市场信息的调查与研究，企业将失去许多重要的市场机会,或者无法作出正确的营销决策,从而使企业的生产和营销带有盲目性,以致给企业造成极大的损失。

2)现代企业为什么要重视市场调查

提示 "没有调查就没有发言权";"要想知道梨子的滋味,必须亲口尝一尝";"知己知彼,百战不殆"。

市场调查具备一种通过信息将消费者、顾客、公众与营销者连接起来的职能。

从宏观角度看,搞好市场调查,对了解国民经济的发展状况,分析制约经济发展的各种因素,实现社会资源优化配置,提高宏观经济与管理的水平具有重要意义。

从微观角度讲,企业搞好市场调查的作用表现为:

①企业的营销活动,只有通过市场调查,才能够了解复杂多变的营销环境,从而发现新的市场机会,避免环境变化给企业造成威胁。

②企业只有通过市场调查,才能够了解消费者不断变化的需求,开发新的产品,更好地满足消费者需要。

③企业重视市场调查,能够增强企业适应市场变化和应对突发事件的能力,使企业在竞争中占据有利位置。

④企业只有重视市场调查,充分掌握市场信息,才能为市场预测提供依据。

⑤企业只有通过市场调查,才能够制订准确而有效的营销战略与营销策略,保证企业正常发展。

1.1.3 市场调查的产生与发展

1)市场调查的历史

市场调查是随着现代工业的发展而产生的一门应用学科。20 世纪初,首先在美国发展起来。具体来说,经历了三个时期。

①萌芽期。据记载,1879 年由一个美国广告代理商为农业设备制造商进行了对当地农产品收成的最早一次市场调查。1895 年,美国一名心理学教授用邮寄问卷调查法进行最早一次回收率有 10% 的问卷调查。

②成长期。进入 20 世纪之后,随着生产力的发展、消费品的不断丰富以及机械化程度的提高,企业有了扩大市场份额的要求,市场调查快速发展起来。1911 年,美国柯蒂斯出版公司率先在企业内设置了一个专门负责市场调查的部门——商品调查部。1923 年,美国人 A.C.尼尔逊创建了一家专业调查公司。

③成熟期。20 世纪中叶,众多市场开始由卖方市场向买方市场转变,企业经营环境发生变化,经营风险加大。为了避免经营决策失误、规避经营风险、发现市场需求,企业必须获得更及时的市场情报来作为市场预测与决策的基础。随着其他相关学科的发展,特别是计算机技术的发展,市场调查和分析由定性分析转变成定量分析。

2) 市场调查的现状和未来

在美国、日本等发达国家的大公司中都有独立的市场调查部,由最高决策层负责,市场调查的预算占公司销售额的 1%~3.5%,有时还聘请公司外的专门的调查公司进行专项调查。

我国企业的市场调查与发达国家的企业相比,还存在相当大的差距和挑战。主要表现在:一是企业内机构设置不全,有些企业根本没有市场部,有的企业将广告部、销售部改组为市场部,并将销售、广告作为市场部的主要职能;二是没有固定的市场调查经费,即使有少量经费也只能以广告费的名义支付;三是市场调查专业人才紧缺,调查人员缺乏市场营销和市场调查的系统学习及专门训练。因此,缺乏系统地开展市场调查的整体策划和组织实施的能力,使我国企业的市场调查活动具有随意性和短期性。

当然,市场调查业也面临发展机遇,21 世纪,市场调查业被誉为朝阳行业。

资　料

国内外市场调查机构

市场调查机构是受企业委托,专门从事市场调查的单位或组织。

国内市场调查机构,主要分为两类,一类主要集中于高校,高校市场调查比较好的机构是中国传媒大学和中山大学;另一类是专业的市场调查公司,比较著名的有:

明思产业研究:专长于行业研究、竞争对手调研、产业研究、营销咨询。

新华信:专长于汽车市场研究。

新力市场研究(DMB Research):专长于定性研究、广告研究。

GFK:专长于家电、通信行业的零售数据监测。

CRT:电视收视率监测。

益普索:专长于个案研究。

慧聪:专长于平面媒体监测。

国外市场调查机构的类型有:

①政府附属的市场调查组织。

②联合管理服务研究公司，定期收集消费者和贸易信息，开展收费出售信息的业务。如：A.C.尼尔森公司（AC Nielsen）、美国调研局（ARB）、西蒙斯公司等。

③接受客户委托的市场调查公司，进行特定的项目调研。

④特定专业市场调查公司，如：现场调查服务公司（Field work company）专门为其他公司进行实地访问的服务工作。

3）市场调查在我国的应用

①我国古代商人非常重视市场调查。《孙子兵法》中的"知己知彼，百战不殆"后来被用于商人对市场情况的分析和了解。

春秋战国时期越国有名的商人范蠡通过长期的市场经营活动总结出：论其有余不足，则知其贵贱；贵上极则反贱，贱下极则反贵。意思是：观察市场上某种商品数量的多少，就知道其价格的高低；价格涨到一定程序必然要下跌；跌到一定程度必然要上涨。

②新中国建立过程中市场调查的应用。在革命根据地大兴调查研究之风，毛泽东的"没有调查就没有发言权"受到重视。

1949 年前后传入了西方的市场调查技术，在一些大城市开展了市场行情分析。

新中国成立初期，在许多部门设置了市场调研机构，开展市场调查研究工作。

从 20 世纪 50 年代开始，市场调查研究受到错误的批判，受到冷落。

从 20 世纪 90 年代以来，在北京、上海、广州等城市，纷纷成立了从事专业市场调查的各种机构。

③市场调查应该成立企业营销战略中的重要内容。

我国企业的市场调查与发达国家的企业相比还存在相当大的差距和挑战。

主要问题表现在：一是企业内机构设置不全，有些企业根本没有专门从事市场信息收集和市场开发的市场部，有的企业将广告部、销售部改组为市场部，并将销售、广告作为市场部的主要功能。二是没有专门的市场调查经费，即使有少量经费也只能以广告费的名义支付。三是市场调查专业人才紧缺，调查人员缺乏市场营销和市场调查的系统学习及专门训练。因此，缺乏系统地开展市场调查的整体策划和组织实施能力，使企业的市场调查活动具有随意性和短期性。

当然，市场调查业也面临发展机遇，21 世纪，市场调查业被誉为朝阳行业，这既是对市场调查业未来的企盼，又是对市场调查开拓者和从业者的巨大激励。

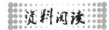

市场调查在企业营销活动中的现状

众所周知,市场调查可以为企业找出潜在目标市场,为决策者提供可靠的数据。为了解目前我国企业进行市场调查的现状,双赢网联合零点市场调查公司利用双赢网的2WinSurvey软件,就企业对市场调查的认识开展了一次调查活动。通过此次调查发现:

1.近七成企业认为做市场调查非常有必要。

通过本次调查,有72.96%的企业进行过不同程度的市场调查。其中,认为市场调查非常有必要的占67.77%;见过或本企业有过因没做市场调查而造成某项重要计划失败经历的占39.75%。

2.企业对"市场调查必要性"的共识,是在金钱损失过程中形成的。

①企业不做市场调查的首要原因是:"各方意见不统一,讨论过程漫长复杂,最终不了了之。"

②有高达39.75%的企业有过或见过因不做市场调查而造成某项重要计划失败的经历,他们的损失平均为51.15万元,最高为100万元。

③这说明企业内部对"市场调查的必要性达成共识"是在金钱的损失过程中形成的。

3.市场调查对销售的贡献率为26.17%。

如果企业的产品销量长时间没有增长,甚至在减少,企业常采用的前三项措施为:

①改组领导班子,加强管理。

②加强销售队伍建设。

③做市场调查,寻找问题。

在三项措施中,市场调查的贡献率为26.17%。

4.采取这些措施后,35.42%的企业认为效果很好;40.52%的人认为得到了决策的依据,受到了启发,找到了机会点。

5.调查费用高是制约企业进行市场调查的主要障碍。

一开始,企业不做市场调查的首要原因是:"各方意见不统一,讨论过程漫长复杂,最终不了了之。"

因为没有做市场调查而造成某项重要计划失败后,企业内部对市场调查的必要性达成了共识,此时不做市场调查的首要原因则变为"费用高"。

由此可见,过高的市场调查费用使得想做市场调查的企业心有余而力不足。

总之,到目前为止,我们国内许多企业不太重视市场调查;但随着市场竞争的日益激烈,越来越多的企业也逐渐重视市场调查。

1.2 市场调查的基本原则

案例导入

层层"安排"的调研怎能了解实情

人大代表、政协委员深入基层、深入群众调查研究,是为了了解真实情况,为经济社会发展提出科学的意见。但许多人大代表、政协委员在每年两会前的调研中发现,长期以来形成的层层"安排"风气,给代表、委员们了解真实的社情民意增添了许多麻烦。人大代表、政协委员要求下基层调研要轻车简从,不讲排场,不要陪同,以充分掌握真实情况。其实,光对调研者提要求远远不够,各级政府、有关各方还应当明令禁止层层"安排"调研的做法。

人大代表、政协委员们的意见十分中肯。现在,不论是上级党政领导还是人大代表、政协委员到基层检查工作、调查研究,许多地方都会层层事先安排,不仅安排要去的地方、时间、路线,而且连谁陪同、谁汇报,能说什么、不能说什么都精心安排,甚至还要对整个接待过程进行"彩排",生怕出漏洞、惹娄子。这些安排,固然有利于节省调研时间,但不利于调研的人了解真实情况,还加大了社会成本,劳民伤财。这种不良风气,主要来自一些地方领导干部报喜不报忧、唯上不唯实的不良作风。他们看重的是上级领导或人大代表、政协委员对他们的政绩、工作能力的评价,而非调研质量。

说实话,报实情,深入实际,求真务实,是我们做好一切工作的必要前提。一些地方的工作之所以推不开、推不动,或者没有达到预期目的,重要原因之一是有关领导干部缺乏深入、扎实、有效的调查研究、真抓实干的好作风。随着人大、政协工作的开展,人大代表、政协委员深入群众调查研究的活动今后会更多。各级党政领导干部、有关各方应当增强大局意识,正确对待调研活动,停止层层"安排"调研活动的做法,以简朴、高效的作风为各种调研了解真实情况创造良好的环境。(资料来源:央视国际)

思考:看了以上的报道,你有何感想,作为企业的市场调查人员,应该遵循怎样的工作准则?

作为认识市场的一种重要手段,一种科学的认识活动,在市场调查活动中,必须遵循调查的基本原则,采取科学的态度和方法,以科学的理论和方法为指导,同时遵守调查活动的行为准则,才能保证市场调查的有效性,收集资料的真实性与可靠性。

1.2.1　市场调查的原则

1)客观性原则

(1)如何理解客观性

客观性又称真实性,是强调在调查中要有实事求是的态度,不能带有自己的主观偏见,不能任意歪曲和虚构事实。

(2)什么是实事求是

实事,就是客观存在着的事物;求,就是寻求、探索、研究客观事物的内部联系;是,就是肯定,即规律性,包括科学、真理与理想三重内涵:一是客观事物的本来面貌是什么,事实的真相究竟是什么,这是科学范畴;二是客观事物的合理关系应该是什么,公平、正义、合理指的究竟是什么,这是真理范畴;三是客观事物的发展前途可能是什么,人类追求的理想目标应该是什么,这是理想范畴。

对实事求是的解释是:一切从实际出发,通过对客观事物的探索和研究,发现客观事物的内部联系及其发展规律,认识事物的本质。同时也指按照事物的实际情况说话办事做学问。

我们只有坚持实事求是的原则,才能真正发挥市场调查的应有作用。

(3)如何体现客观性

①要求以事实为依据,用事实和数据说话。

②不能以权威或个人判断为依据。

③对同一事物应该建立统一的标准尺度进行比较和评价。

(4)应该注意哪些问题

①不要受领导的旨意,迎合领导意图。

②不要受个人思想框架的束缚。

③不要带着已有的结论去收集市场资料。

④不要对客观事实任意取舍,唯己所用。

⑤不要从书本或权威理论出发,戴有色眼镜去调查市场。

2）科学性原则

（1）如何理解科学性

科学是反映事实真相的学说。在市场调查中体现科学性，就是要求调查的内容及结论要有实证性和逻辑性，不应该是个别的、偶然的现象。

（2）如何体现科学性

要求从事实到结论有正确的逻辑推理，调查所下的结论必须能接受实践的检验。

（3）应该注意哪些问题

①不要"东一榔头西一棒"，看到什么算什么。
②不要以偏概全，凭个别事实就得出结论。
③调查结果不要含糊其辞，要有明确结论。

3）系统性原则

（1）如何理解系统性

系统是为了达到某一目标而构成的相互关联的、由许多个体组成的集合体。在市场调查中体现系统性，就是要求调查内容要从整体出发，考虑到整体性、层次性和相关性。

（2）如何体现系统性

要求对所要调查的问题进行层层分解，注意处理好整体与局部、共性与个性、一般与特殊、宏观与微观之间的关系，最终形成一个统一的整体。

（3）应该注意哪些问题

①避免胡子眉毛一把抓。
②不要只见森林，不见树木，即只看到整体或全部，看不到局部。
③也不要只见树木，不见森林，即只看到局部，看不到整体或全部。

4）理论与实践相结合

（1）如何理解理论与实践相结合

将市场调查理论运用到市场调查活动中去，通过市场调查实践，检验和完善市场调查的理论和方法。

（2）如何体现这一原则

要求通过认真的学习和实践，系统、完整地掌握市场调查理论，并运用于实践中。

（3）应该避免哪些问题

①防止教条主义,只掌握空洞的理论和原理,与实际脱节,不能运用到实际工作中去。

②防止经验主义,只罗列现象,不作分析和研究,找不出现象与本质之间的联系。

1.2.2 市场调查人员的工作准则

资　料

市场调查员的岗位职责

岗位名称:市场调查员。

直接上级:市场部经理。

负责对象:市场调查。

工作目标:负责市场开拓的调查研究工作。

权力与责任:

①服从分配,听从指挥,严格遵守公司的各项规章制度和有关规定。

②负责对市场开拓的调查工作。

③负责对产品市场销售潜力的调查和分析。

④负责对同行业和客户的调查研究工作。

⑤负责对产品在广告宣传效果的调研分析。

⑥负责为新增营销网点的环境、人口、布局等事项的调查。

⑦负责为新增网点做好前期调查研究工作。

⑧为调查结果撰写可行性分析报告。

⑨做好分析研究营销策略工作和协助做好营销广告策划工作。

⑩对所承担的工作全面负责。

岗位要求:

①具有一定的文化程度(大专以上学历为优)和营销专业知识。

②有较强的工作责任感和事业心。

③原则性强,做事认真,能吃苦耐劳。

思考:作为一名市场调查人员,要完成好自己的本职工作,应该如何去做?

在市场调查工作中,作为市场调查人员应该遵循的工作准则有:

①一切从实际出发,解决企业在市场营销活动中的实际问题。

②实事求是,尊重事实;不唯书,不唯上。

③在调查活动中要严肃、认真。

④深入市场实际,与各类人员接触,避免走马观花。

⑤尊重被调查者的权益,不能损害对方的利益和名誉。

⑥谦虚、谨慎。

⑦调查中要不怕吃苦、不怕麻烦。

⑧勤奋、刻苦、不断学习。

1.3 市场调查的一般程序

市场调查是一项复杂的、细致的、富有挑战性的工作,涉及面广,调查对象不同而且多变。要提高市场调查的效率,需要规划好每一个步骤及具体工作。科学的市场调查必须按照一定的程序进行,这样才能保证市场调查的顺利进行,达到预期的目的。

情景假设:如果我们需要组织一次市场调查活动,我们需要从哪些方面考虑?需要做哪些事情?

1.3.1 市场调查的程序

所谓市场调查的程序,就是指实际调查活动所要经过的阶段或步骤。通过学习,明确在实施市场调查活动时要循序渐进,认真落实。

1)市场调查的4个阶段

市场调查的4个阶段包括:调查准备阶段、实际调查阶段、分析研究阶段、调查总结阶段。

如果将4个阶段中的主要内容重点突出,市场调查又可分为5个步骤。

2)市场调查的5个步骤

①确定调查课题,提出调查设想。

②设计调查方案。

③进行实际调查,收集资料。

④整理和分析所收集的资料。

⑤撰写调查报告。

1.3.2　调查准备阶段的工作

市场调查的准备阶段是市场调查的决策、设计和筹划阶段。调查前的准备对于进行实际调查具有重要意义,它是整个市场调查的起点。调查准备阶段的工作是否充分,直接影响着整个调查工作能否顺利进行。

调查准备阶段应该做的工作有:

1)明确调查目的,确定调查任务

明确调查目的,确定调查任务是搞好市场调查的首要前提。包括:选择调查课题、进行初步探索、做好各项具体工作。

(1)选择调查课题

选择调查课题是指提出一个较明确但不具体的、带有方向性的问题。选择调查课题是确定市场调查任务的首要工作,也是市场调查准备阶段的开始。

调查课题是市场调查所要说明或解决的市场问题,市场问题一般由企业相关部门或委托调查企业向调查者提出,主要涉及未来发展方向、经营中出现的问题和竞争等。市场调查的组织者必须根据一定的目的和市场现象的特点,确定每一次市场调查的课题。

正确提出问题是正确认识问题和解决问题的前提,是市场调查过程中最重要的,也是较困难的工作。选择调查课题决定着市场调查的总方向和总水平,决定着市场调查的方案设计,决定着市场调查的成败和成果的价值。

选择调查课题应该把需要性和可能性有机结合起来,既要从管理的需要出发,又要考虑实际取得资料的可能性。选择调查课题还应该具有科学性和创造性,既要在科学理论的指导下选择调查课题,又要按照新颖、独特和先进的要求选择调查课题。

(2)进行初步探索

初步探索是直接为设计市场调查方案做准备的,是市场调查准备阶段不可或缺的一项重要工作。

初步探索不是直接回答调查课题所要解决的市场问题,而是去探寻能回答调查课题所要解决的市场问题的可供选择的方向和道路,也是为设计市场调查方案提供客观依据。

在市场调查的目的未确定前,调查部门根据提出的问题来挑选一些熟知相关问题的人,包括生产厂商、设计人员和经销商等,进行访问、探询,得到一些建设性的意见,得到初步探索结果,将调查范围缩小,将意图进一步搞清楚。确定调查重点,明确正确的主题,进一步研究运用哪些调查方式、调查的具体内容及对象。

通过进行初步探索,必须正确确定市场调查的起点和重点。起点过高会使市场调查脱离实际,起点过低又使市场调查没有意义。重点不突出,就难以设计出高质量的市场调查方案,也不可能取得较有价值的调查结果。

通过进行初步探索,还必须了解和发现新情况、新问题,把握市场现象的发展变化,对市场调查的假设、指标、方法和实施的具体步骤进行研究,使设计出的市场调查方案符合客观状况。

(3)做好各项具体工作

在市场调查前要做好的各项具体工作包括:确定调查对象和调查单位;明确所要调查的项目和内容;将调查内容具体化和可操作化,包括设计好调查问卷(或调查表)、访问提纲和观察提纲;明确调查的类型,选择合适的调查方式和方法。

2)设计市场调查方案

市场调查是一项有计划、有组织的工作。计划性是通过市场调查方案具体表现出来的,具体的组织工作也是按照市场调查方案的要求来进行的。市场调查方案是整个市场调查工作的行动纲领,它起到保证市场调查工作顺利进行的重要作用。

设计市场调查方案就是在对一项调查的程序和实施的具体问题进行详细、全面的考虑后,制订出一个书面的总体计划和切实可行的大纲。

科学地设计市场调查方案是保证市场调查取得成功的关键(市场调查方案的设计将在任务 5 中专门阐述)。

案　例

企业开发新型洗发水所做的市场调查策划

1.提出问题

近年来,妇女洗发剂市场相当活跃,多种具有专门功能的洗发剂陆续出现并受到消费者的青睐。某制造商准备试制一种新型的洗发剂,通过对附近居住的年轻妇女的初步了解,发现洗发剂中的"基质"(即使头发浓密丰满)常常是消费者希望洗发剂具有的特性。企业实验人员立即着手配制一些原型的化合物,这些化合物看起来有可能具有这些特征,从而有可能超过目前市场上同类名牌产品。在技术上的问题解决之后,以下 4 个管理上的问题仍要考虑:

一种具有优良"基质"的洗发剂,它的市场有多大?

除了"基质"之外,还可以在这种新型洗发剂中加入什么功能?

这种新型洗发剂的目标顾客具有什么特征?

如何向消费者表达洗发剂"基质"?

为了解决上述4个问题,需要进行一项探测性研究,再进一步明确调查设计的目的。

2.明确调查目的

探测性研究的焦点集中在洗发剂的优点上。在对消费者初步访问的过程中,市场研究人员集中了大约30个关于洗发剂的优点。这些优点有些是从其他洗发剂的广告中收集的,有些是消费者在选择洗发剂时提出的。这30个优点整理后又可以归纳成如下16种:

①使头发长时间保持清洁。

②可减少头皮屑,使头发不易脱落。

③使头发看起来自然。

④使头发有基质。

⑤使头发易于梳理。

⑥使头发有光泽。

⑦使头发末端不分叉。

⑧使头发有足够的蛋白质。

⑨可防止头发出油。

⑩使头发不干燥。

⑪使头发丰满。

⑫防止头发打结。

⑬使头发保持波浪式。

⑭使头发保持固定的形态。

⑮使头发干燥后易于定型。

⑯使头发看起来大方。

为了证实以上16种优点是否足够详尽,调查人员事后还增加了额外的访问。访问结果表明:所列出的16种优点已经相当详尽,并且认为前10种优点是较为重要的,尤其是前6种优点为更多消费者所喜爱,是优点中的"核心组",这也是本次调查的目的。

思考:企业开发一种新型产品,首先需要做好的工作是什么?你认为做好这些工作能够起到什么作用?

3)组建市场调查队伍

要正确地实施市场调查方案,必须组织一支好的调查队伍。市场调查队伍建设,要从选择、培训和组织使用上来进行。这是顺利完成市场调查任务的基本保证,也是市场调查准备阶段的重要任务。

(1)企业对调查人员的要求

要求调查人员要直接深入市场,按照调查设计的内容和要求,客观、科学、系统、准确地获取各种资料。

合格调查人员的条件:

①对人要有礼貌,善于接近人和被人接近。

②性格要外向,自信心强,勤劳勇敢,勇于挑战。

③诚实可靠,办事认真。

④理解能力强,能准确把握被调查者的意图和思路。

⑤具备一定的市场和营销专业知识。

⑥对事物有一定的分析和判断能力。

问题思考 我能够成为一名合格的市场调查人员吗?我准备怎样去锻炼自己?

(2)调查队伍的建设

①在调查队伍建设上,既要考虑调查人员的综合素质,包括个人的政治素质、知识文化素质、工作经验和技能等,又要注意调查队伍的整体结构,如职能结构、知识能力结构、年龄结构和性别结构等。

②调查人员的培训内容包括思想教育、知识准备和方法训练等。思想教育为先导,知识准备是基础,方法训练是重点。培训方法有集中讲授、阅读与讨论、示范与模拟和现场实习。调查人员的使用要注意扬长避短、合理搭配、优化组合、明确责权、分层管理、落实任务、严格检查。

注意:准备阶段的工作做得是否扎实、充分,直接影响到实际调查工作的顺利进行。

1.3.3 实际调查阶段的工作

实际调查阶段是调查活动最重要的阶段。这一阶段的主要任务是:利用各种调查方法和手段收集所需的信息资料。

在实际调查阶段应注意的问题:

①在进入实地调查之前,需要取得被调查地区、单位和个人的理解、支持和协助。

②熟悉被调查对象及他们的生活环境。

③采取合适的调查方式、方法获取资料。

④认真、详细、准确地作好观察和访问记录。

1.3.4　分析研究阶段的工作

市场调查分析研究阶段,是在全面收集市场信息资料的基础上,对所得资料进行系统的整理、分类、统计和分析。主要任务包括:

①对调查资料进行审核,检查资料的误差和对资料进行评定;消除虚假、错误和短缺等现象,保证资料的真实、准确和全面。

②对调查资料进行分类,就是对经过审核的资料,根据调查研究问题的需要和市场现象的本质特征,按一定标准划分为不同类型,使反映市场现象个体特征资料系统化和条理化,以简明的方式反映市场的总体特征。

③对调查资料进行统计,就是在分类的基础上对资料进行汇总。

④对调查资料进行分析,在汇总的资料基础上,对资料提供的具体情况进行分析。

统计分析就是运用统计学的有关原理和方法,研究市场现象总体的数量特征和数量关系,揭示市场现象的发展规模、水平、趋势和速度,揭示市场现象总体的结构和比例。

经过统计分析得到的市场现象数据既是市场现象的反映,又可作为对市场现象进行定性分析、定量预测的资料。

1.3.5　调查总结阶段的工作

总结阶段是市场调查的最后阶段,主要任务是撰写市场调查报告,总结调查工作,评估调查结果,追踪调查。

①撰写市场调查报告是市场调查研究成果的集中体现,是对市场调查工作的总结,是市场调查的重要环节。

调查报告初稿完成后,需要征求本企业有关部门负责人或委托企业负责人的意见,由此可检查调查结果与调查意图是否吻合,是否达到或满足要求,有哪些还需要修改。

市场调查报告要求言简意赅,易于理解,内容适用,并以图表配合说明。

②总结调查工作,是指对调查工作的经验、教训进行总结,为今后的调查工作打下基础。

③评估调查结果,是指从学术成果和应用成果两个方面,对调查结果加以评估。

④追踪调查,就是为了更好地履行调查工作职责,了解前一段工作的成效,调查结果是否被采纳,被采纳的原因,被采纳情况下,在实践中为什么不按调查报告中提出的建议去做的原因,等等。

【做一做】

一、实训活动

项目:成立学习小组,组建调查团队,明确调查任务

◎ 目的

在企业的市场营销中,有些问题的解决仅靠一个人是不行的,需要几个人或一个小组来共同完成。因此,企业非常重视团队协作。由于我们在过去的学习、生活中缺乏这方面的培养和锻炼,往往考虑自己的得失多了一些,不能主动地关心集体和他人,明显不适应企业的要求。我们希望在《市场调查实务》这门课的学习过程中,主动地、有意识地培养同学们这方面的意识和能力。

◎ 步骤

1.让每名同学来选择一种商品。

这种商品必须符合的条件是:

①是自己感兴趣的商品。

②这种商品有一定的市场需求。

③对这一商品的基本信息有所了解。

④有进一步了解的要求。

⑤将来还要准备推销这一商品。

2.老师有意识地指导学生来选择商品,使选择同一商品的同学能力均衡,保证这一活动的顺利进行。

3.将选择同一商品的同学集中为一组,确定组长负责。

4.在以后各个环节的学习中,以小组为单位来共同完成任务。

◎ 要求

1.上课教师正确引导同学们选择合适的商品,保证全班同学在选择商品上合理均衡,便于后面的分组。

2.同学们认真选择商品,避免情绪化现象的出现。对于所选择的商品要持之以恒地关注。

◎ **任务布置**

结合《市场调查实务》课程的学习,以小组为单位完成两大调查任务:

1.校内调查:结合本校同学们的学习、生活情况进行调查。

2.校外调查:结合各小组所选择的商品到市场上进行调查。

二、经典案例阅读

案例 1

形形色色的市场调查活动

市场调查作为企业市场营销战略之一,一种重要的营销手段,对于许多企业来说已成为一种有力的竞争武器。

市场调查自 1919 年美国柯蒂斯出版公司首次运用成功后,在世界范围内迅速扩展,并由最初的简单收集、记录、整理、分析有关资料和数据,已发展成为一门包括市场环境调查、消费心理分析、市场需求调研、产品价格适度、分销渠道、促销方法、竞争对手调查、投资开发可行性论证等在内的一门综合性学科。

随着世界经济的不断发展,国际上一些著名企业更是把精确而有效的市场调查作为企业经营、发展的必修课,绞尽脑汁采用形形色色的调查方法和手段。

手段 1:开设"意见公司"

日本企业家一向以精明著称,在市场调查方面不甘落后。一家公司由日本实践技术协会开设,有员工近百人。他们与不同年龄、不同层次的消费者建立固定联系,经常请他们对各种商品提出意见。

同时还刊登广告征求意见,并提供相应报酬。他们将收集到的各种意见整理分类及时反馈给有关企业,"意见公司"也从中得到回报。

手段 2:免费电话巧问计

美国一家生产化妆品的著名企业,为了听取用户意见,别出心裁推出免费电话向消费者征询意见。

他们在产品包装上标明该公司及各分厂的 800 个电话号码,顾客可以随时就产品质量问题打电话反映情况,费用全部记在公司账上。

公司对所来电话给予回复,并视情况进行奖励。仅 1995 年,该公司就接到近 25 万个顾客电话,从中得到启发;开发出的新产品的销售额近 1 亿美元,而公司的电话费支付不过 600 万美元,其结果让老板喜不自禁。

手段 3:"研究垃圾"

一般人听起来,此乃荒唐之举,对经营决策不会有什么影响。但事实恰恰相反,著名的食品公司——雪佛隆公司重金请亚利桑那大学教授威廉雷兹对垃圾进行研究。

雷兹教授每天尽可能多地收集垃圾,然后按垃圾的内容标明其原产品的名称、重量、数量、包装形式等予以分类,获得了有关当地食品消费情况的准确信息。用雷兹教授的话说:"垃圾绝不会说谎和弄虚作假,什么样的人就丢什么样的垃圾。"雪佛隆公司借此作出相应决策,大获全胜,而其竞争对手却始终没搞清雪佛公司市场情报的来源。

手段 4:"顾客的影子"

找人充当顾客的影子是美国一些市场调查公司的杰作,这些公司专门为各商场提供市场调查人员。

当这些人接受商场聘请之后,便时刻不离顾客左右,设法了解顾客购买哪些商品,停留多长时间,多少次会回到同一件商品面前,为什么在挑选很长时间后还是失望地离开,等等。

美国许多企业得益于这类调查,并因而使经营更具针对性,更贴近消费者。

手段 5:住进客户家里

一次,一个美国家庭住进了一位"不幸"的日本人。奇怪的是,这位"落难者"每天都在做笔记,记录美国人居家生活的各种细节,包括吃什么食物、看什么电视节目等。一个月后,日本人走了。不久,丰田公司推出了针对当今美国家庭需求而设计的价廉物美的旅行车,大受欢迎。

举一个例子就能说明,美国男士(特别是年轻人)喜爱喝玻璃瓶装饮料而非纸盒装的饮料,日本设计师就专门在车内设计了能冷藏并能安全放置玻璃瓶的柜子。

思考:结合以上案例,分析西方企业是如何进行市场调查的? 他们为什么要如此重视市场调查活动?

案例 2

最受企业欢迎的中职学生

结合近几年用人单位对中职学生的要求和中职学生在企业的表现,归纳 12 条标准以示提醒。

1.敬业精神。个人的工作是生存的基本权利,无论从事何种职业,都应该敬业,竭尽全力,积极进取,尽自己最大的努力,追求不断的进步。这不仅是工作原则,也是人生原则。

2.忠诚。忠诚建立信任,忠诚建立亲密,只有忠诚的人,人们才愿意接近你。企业绝对不会去招聘一个不忠诚的人;客户购买商品或服务的时候,绝对不会把钱交给一个不忠诚的人;与人共事的时候,也没有人愿意跟一个不忠诚的人合作。

3.良好的人际关系。良好的人际关系会成为一个人一生中最珍贵的财富,在必要的时候,会产生巨大的帮助,就像银行存款一样,积少成多,有急需时便可派上用场。

4.团队精神。在知识经济时代,单打独斗已经成为过去时,竞争不再是单独的个体之间的斗争,而是团队与团队的竞争、组织与组织的竞争,许许多多困难和挫折的克服,仅凭一个人的勇敢和力量是不够的,必须依靠整个团队的合作。

5.自动自发地工作。充分了解工作的意义和目的,了解公司战略意图和上司的想法,了解作为一个组织成员应有的精神和态度,了解自己的工作与其他同事工作的关系,并时刻注意环境的变化,自动自发地工作,而不是得过且过。

6.注重细节,追求完美。细节决定成败,每个人都要用搞艺术的态度来开展工作,要把自己所做的工作看成一件艺术品,对自己的工作精益求精,只有这样,自己的工作才是一件优秀的艺术品,才能经得起人们细心地观赏和品味。

7.不找任何借口。不管遭遇到怎样的环境和困难,都必须学会对自己的一切行为负责! 属于自己的事情就应该千方百计地把它做好。只要还是企业的一员,就应该不找任何借口,投入自己的忠诚和责任心,将身心彻底地融入企业,处处为自己所在的企业着想。

8.具有较强的执行力。有执行力的人,在每一个阶段,每一个环节都力求卓越,切实执行。具有较强执行力的人,就能把事情做成,并且做到自己认为最好的结果。

9.找方法提高工作效率。遇到问题就自己想办法去解决,碰到困难就自己想办法去克服,找方法提高工作效率。在企业里,没有任何一件事情能够比一个员工处理和解决问题更能表现出他的责任感、主动性和独当一面的能力。

10.为企业提合理化的建议。为企业提好的建议,能给企业带来巨大的效益,同时也能给自己更多的发展机会。应尽量学习了解为什么公司业务会这样运作?公司的业务模式是什么? 如何才能赢利?

11.维护企业形象。企业的形象要靠每一位员工从自身做起,塑造良好的自身形象。因为,员工的一言一行直接影响企业的外在形象,员工的综合素质就是企业形象的一种表现形式,员工的形象代表着企业的形象,员工应该随时随地维护企业形象。

12.与企业共命运。企业和员工的关系就是"一荣俱荣,一损俱损",不管是员工选择企业,还是企业选择员工,既然成为了这家企业的员工,就应该时时刻刻竭尽全力为企业作贡献,与企业共命运。

思考:我们知道企业需要什么样的人吗？我们将从哪些方面努力？

【任务回顾】

通过本任务的学习,使我们明确了市场调查的概念以及对市场调查的理解;了解了市场调查产生和发展的过程;认识了作为一种重要的营销手段,市场调查在企业营销活动中的作用;掌握了市场调查活动中应遵循的基本原则和作为市场调查人员应遵守的行为准则;也认识到市场调查是一份需要勤奋和耐心的充满希望的工作;明确了市场调查的一般程序以及在每个阶段应该做的具体工作。

【关键词汇】

1.市场调查

市场调查是指运用科学的方法,系统、全面、准确、及时地收集、整理和分析市场现象的各种资料的过程,是有组织、有计划地对市场现象的调查研究活动。

市场调查有动词与名词、狭义与广义之分。

2.客观性原则

客观性原则又称真实性原则,就是强调在调查中要有实事求是的态度,不能带有自己的主观偏见,不能任意歪曲和虚构事实。

3.科学性原则

科学性原则是指调查的内容及结论要有实证性和逻辑性,不应该是个别的、偶然的现象。要求由事实到结论都要有正确的逻辑推理,调查所下的结论必须能接受实践的检验。

4.系统性原则

调查内容要从整体出发,考虑到整体性、层次性和相关性。要求对所要调查的问题进行层层分解,注意处理好整体与局部、共性与个性、一般与特殊、宏观与微观之间的关系,最终形成一个统一的整体。

【任务检测】

一、单项选择题

1.到市场上去了解情况或了解市场情况,被称为(　　)。

　　A.市场调查　　　　B.市场分析　　　　C.市场指导　　　　D.市场营销

2.市场营销组合10PS中的第1P是(　　)。

　　A.市场调研　　　　B.市场细分　　　　C.产品策略　　　　D.促销策略

3.市场调查的准备阶段是整个市场调查的(　　)。

　　A.重点　　　　　　B.难点　　　　　　C.起点　　　　　　D.关键

4.利用各种调查方法和手段收集所需要的信息资料,是市场调查的(　　)阶段。

　　A.准备　　　　　　B.实际调查　　　　C.分析研究　　　　D.总结

二、多项选择题

1.市场调查产生和发展所经历的3个阶段是(　　)。

　　A.萌芽期　　　　　B.成长期　　　　　C.成熟期　　　　　D.衰退期

2.市场调查应遵循的原则有(　　)。

　　A.客观性原则　　　　　　　　B.科学性原则

　　C.系统性原则　　　　　　　　D.理论与实践相结合原则

3.市场调查程序中包括的4个阶段是(　　)。

　　A.调查准备阶段　　　　　　　B.实际调查阶段

　　C.分析研究阶段　　　　　　　D.调查总结阶段

4.市场调查分析研究阶段,是在全面收集市场信息资料的基础上,对各种资料进行系统的(　　)。

　　A.整理　　　　　　B.分类　　　　　　C.统计　　　　　　D.分析

三、判断题

1.名词的市场调查是指研究和分析市场调查理论和方法的一门课程,而动词的市场调查则是指以市场为对象的调查研究活动过程。　　　　　　　(　　)

2.市场调查的目的就是收集各方面信息,为制订正确的营销决策提供依据。

(　　)

3.整个市场调查活动应该是从明确调查目的、确定调查任务开始的。　(　　)

4.在进行实际调查之前,我们要制订一份周密的市场调查方案。　　　(　　)

5.市场调查的最终目的是需要我们撰写有价值的市场调查报告。　　　(　　)

四、问答题

1.如何正确理解市场调查？市场调查与市场营销是什么关系？

2.市场调查活动包括的5个具体步骤是什么？

3.在调查的准备阶段,我们要做好哪些工作？

4.一名合格的市场调查人员应该具备哪些条件？

五、实务题

全班同学根据自己的喜好和在老师的指导下选择一种商品,这种商品既是要调查的商品,又是(配合其他专业课的学习)需要推销的商品。在此基础上进行分组,以小组为单位组建调查团队,对这一商品市场进行调查。

任务 2
我们应该调查什么

 任务目标

1.理解并掌握市场调查的基本类型。

2.明确在市场调查中需要面对的调查对象。

3.把握确定一项调查内容的基本思路。

4.确定围绕企业营销活动需要调查的内容。

 实训项目

根据各组选择调查的商品,确定调查内容。

 学时建议

1.知识性学习 6 学时。

2.现场观察学习 2 学时(可利用业余时间自主观察)。

3.实际操作 4 学时(确定需要调查的具体内容)。

【导学语】

我们将要面对哪些调查对象？针对不同对象需要调查哪些内容？

我们未来将要面对哪些调查对象？

针对不同的调查对象需要调查哪些内容？

案例导入

国外大公司的市场调查经验

美国《华尔街日报》有一篇文章这样写道："没有别人比妈妈更了解你,可是,她知道你有几条短裤吗?"然而,乔基国际调查公司知道!

"妈妈知道你往杯里水里放了多少块冰块吗?"可是,可口可乐公司却知道!

为了在经营管理上真正做到"知己知彼",国外的某些公司对消费者有关情况的了解,竟然超过了母亲对儿女的了解。而且,有的甚至是连消费者本人都不甚知道或者从来没有了解过的东西或事情,他们却了解得一清二楚,甚至毫厘不差!

可口可乐公司经过深入细致的调查后发现,人们在每杯水中平均放 3.2 块冰块,每人平均每年看到该公司的 69 条广告。麦当劳公司通过市场调查,准确地知道,在某个国家,每人每年平均吃掉 156 个汉堡包,95 个热狗。

一天,一位衣冠楚楚的外国人小心翼翼地敲开了北京市一家普通居民的大门。在主人的热情引导下,客人进屋后不仅仔细地观察了这套居室的布局和厨房、卫生间的结构,而且认真仔细地了解家中各种家电的品牌、功能,还向主人询问了有关购买和使用这些家电的具体情况。看来,这位客人对所有家电都十分感兴趣。主人十分惊讶,一问才知道,原来这位客人竟然是瑞典伊莱克斯公司的首席执行总裁!跨国公司的执行总裁竟然亲自深入普通老百姓家搞市场调查,在我们的许多人看来也许是不可思议的事情,他们认为是一种必需的工作程序。

宝洁公司是世界最大的日用消费品公司之一。所经营的 300 多个品牌的产品畅销 140 多个国家和地区,其中包括洗发、护发、护肤用品、化妆品、婴儿护理产品、妇女卫生用品、医药、食品、饮料、织物、家居护理及个人清洁用品。宝洁公司的信条之一是:我们始终坚持不懈地致力于开发对消费者自身及其需求的深度理解并将其转化为我们的竞争优势。其总裁 John Pepper 在北大演讲说,我们的首要任务是深刻理解:消费者的需求是什么。不管我们在世界上的哪一个角落开始我们的生意,对消费者的研究始终是我们工作的切入点。

　　问题:1.国外公司进行市场调查的切入点是什么?

　　　　　2.针对消费者市场,我们应该从哪些方面进行调查?

提示　市场调查研究是企业营销决策的前提。

【学一学】

2.1　市场调查的基本类型

2.1.1　市场调查类型的划分

　　市场调查活动涉及各类企业和各种具体的营销活动,因此,市场调查包括各种类型。市场调查的类型可以按不同标准进行划分,不同类型具有各自的特点,它们在调查方式、方法、程序、适用范围等方面也有所不同。

　　一项市场调查首先需要明确类型,这样才能明确所要调查的对象,选择合适的调查方式与方法;制订周密的市场调查方案,确保一项市场调查活动的顺利完成。

　　1)按调查的区域范围划分

　　市场调查包括国内市场调查和国际市场调查。其中,国内市场调查又包括城市市场调查、农村市场调查和地区市场调查;进一步可以划分为不同的城市、农村和地区。例如:对武汉市的调查、对湖北农村的调查及对沿海地区的调查等。

　　2)按调查的时间划分

　　市场调查的类型包括有:经常性调查、定期性调查、一次性调查、横剖式调查和纵贯式调查。

　　(1)经常性调查

　　经常性调查,又称为不定期调查,是指在选定市场调查的对象之后,组织经常性的、不间断的调查,以收集按时间序列排列的资料。经常性调查常用于对销售网点产品销售情况的调查。

（2）定期性调查

定期性调查，是指在明确市场调查的内容之后，每隔一定的时间进行一次调查，每次调查间隔的时间大致相等。通过定期调查可以掌握调查对象的发展变化规律和在不同环境下的具体状况。常见的定期调查有月度调查、季度调查与年度调查。

（3）一次性调查

一次性调查，又称临时性调查，是指为了某一特定目的或解决某种市场问题，只对调查对象作一次临时性的了解而进行的调查。

大多数情况下，企业所进行的调查都是一次性调查。例如：开发新产品、开拓新市场或进行某项投资决策等特殊问题出现时要临时进行的市场调查活动。

（4）横剖式调查

横剖式调查，是指在某一时点对调查对象进行的调查。

例如：我国第一次全国经济普查的标准时点是 2004 年 12 月 31 日，第六次全国人口普查的标准时点是 2010 年 11 月 1 日零时。

（5）纵贯式调查

纵贯式调查，是指对不同时段的情况进行调查，对市场现象作纵向研究。

例如：我国著名社会学家，中国社会学和人类学的奠基人之一费孝通教授从20 世纪 30 年代到 80 年代的 50 多年时间里，对江苏一个村庄进行了多次调查，作深入地研究。

3）按调查样本选取的方式划分

市场调查可以分为全面调查和非全面调查。全面调查又称为市场普查，非全面调查包括重点调查、典型调查和抽样调查。

（1）市场普查

市场普查，又称全面调查，是对调查对象总体的全部单位所进行的调查。

全面调查一般仅限于调查对象有限的情形下使用，当调查对象太多时，全面调查需要花费大量的调研费用。只有当全面调查非常必要时，才可以进行全面调查。例如：全国性的普查、某种产品库存量普查、新产品试销的跟踪调查等。

（2）重点调查

重点调查，是指从调查对象总体中选取少数重点单位进行调查，并用重点单位调查的结果反映对象总体的基本情况。

所谓重点单位是指在对象总体中数量不多但地位重要，或其某一数量标志值在总体标志总量中的比重较大。通过重点调查可以了解总体某一数量的基本情况,并可节省人力、费用、时间。

(3)典型调查

典型调查,是指在调查对象总体进行分析的基础上,从对象总体中有意识地选取一些具有典型意义或具有代表性的单位进行专门调查,并用典型单位调查的结果来认识对象的本质及其规律性,达到由特殊到一般的认识目的。

市场典型调查一般可分为两类:一类是对具有典型意义的少数单位进行解剖麻雀式的调查,研究新事物、新情况和新问题,或者总结经验,全面指导工作;另一类是对具有代表性的典型单位进行专门调查,以典型样本的指标来推断总体指标。

(4)抽样调查

抽样调查,是指从调查对象总体中抽取一部分单位作为样本,对样本进行调查,然后根据样本信息,推算对象总体市场情况的方法。

与个案调查相比,抽样调查是对市场"面"的研究,在市场调查的实践中,抽样调查方式是最常采用的方式。根据抽样调查抽取样本的方法不同,可分为随机抽样与非随机抽样两大类抽样方法,后面章节还将对市场抽样调查这一应用极广泛的调查方式加以详细介绍。

4)按市场调查资料来源及资料收集方法划分

根据市场调查资料来源及资料收集方法,市场调查可分为问卷调查、访问调查、观察调查、实验调查和文案调查。

(1)问卷调查

问卷调查又称问卷法,是调查者根据一定的调查目的和要求,通过事先设计好的调查问卷,进行资料收集的一种方法。

(2)访问调查

访问调查又称访问法或访谈法,是指访问者(市场调查人员)通过交谈的方式有目的地向被访问者提出问题,通过被访问者的回答(包括口头回答和书面回答)来收集市场信息、资料的一种方法。

(3)观察调查

观察调查又称观察法,是指观察者(即市场调查人员)根据调查的课题,利用眼睛、耳朵等感觉器官和其他科学手段,有目的地收集所需资料的调查方法。

(4)实验调查

实验调查又称实验法,是指实验者(市场调查人员)有目的、有意识地通过改变或控制一个或几个市场影响因素(变量)的实践活动,来观察市场现象在这些因素影响下的变动情况,从而认识市场现象的本质和变化规律。

(5)文案调查

文案调查又称为文案法或间接调查,是指对间接资料的收集和整理,即通过对市场中已有的真实可靠的文献资料的收集、整理、分析的一种调查方法。

5)按商品流通环节的不同划分

根据商品流通环节的不同,市场调查分为批发市场调查和零售市场调查。

(1)批发市场调查

批发市场调查,是指对商品从生产领域输送到流通领域过程中所发生的交易批量、批次、金额以及批发风险等方面的调查。

(2)零售市场调查

零售市场调查主要是指对不同经济形势下零售商业的数量及在社会零售商品流转中的比重和发展变化的调查,对商品产销服务形式的调查,对零售网点分布状况及发展变化的调查,对消费者购买心理和购买行为的调查,以及对零售商品数量与结构的调查等。

6)按商品的不同层次划分

商品按不同层次可以划分为:大类商品、中类商品、小类商品和具体商品。市场调查也就形成了对一个种类商品(大、中、小类)的调查、对一种型(号)式(样)商品的调查和对一个具体品牌商品的调查。例如:服装是一个大类商品,可以对它进行进一步的划分来确定所要调查的层次。

7)按购买商品的目的和用途划分

根据购买商品的目的,市场调查可分为消费者市场调查和产业市场调查。

(1)消费者市场调查

消费者市场调查是指以满足个人生活需要为目的的商品供应、销售、购买与使用的调查。除了了解消费者的需求数量与结构及其变化外,还必须对诸多的影响因素进行调查。例如:人口、经济、社会文化、购买心理和购买行为等。

(2)产业市场调查

产业市场调查是指为满足加工制造等生产性活动需要而形成的生产资料市场的调查。主要对初级产品和中间产品的供应量、经济寿命周期和流通渠道等方面的内容进行调查。

8)按调查的目的和作用划分

因为任何一次市场调查都是有一定目的并要起到一定作用的,因此,需要根据调查的目的和作用进行划分。可划分为:探索性调查、描述性调查、因果性调查和预测性调查。

下面对这几种类型进行具体分析。

2.1.2　对主要类型的分析

我们所进行的市场调查,是具有一定的目的和作用的。调查的目的和作用不同,所选择的调查类型也不相同。按调查的作用和目的划分,市场调查可分为探测性调查、描述性调查、因果关系调查和预测性调查。

1)探测性调查

(1)定义

探测性调查,又称为试探性调查,就是采用"走马观花"式和查阅资料的方式进行的初步考察,是一种非正式的调查。探测性调查一般不如正式调查严密、科学,不需要制订详细的调查方案,尽量节省时间以求迅速发现问题所在,并明确地提示出来,以便拟定调查的重点。

(2)前提条件

当企业或市场存在不明确问题,一时又找不到原因时,通常可在较小范围内采用这种无结构式和非正式的调查,通过收集一些资料帮助认识和理解目前所面对的问题。例如:某企业近几个月来销量明显下降,究竟是什么原因造成的暂时难以确定,因此,需要首先进行探测性调查。

(3)方式

①走访式调查:如领导到基层和单位视察、检查工作。

②向行业专家咨询:请他们谈一谈对该问题的看法或态度。

③先导性调查:在一个大型调查之前了解前期的工作情况。先导性调查一般包括3个部分:实地考察—请教专家—查阅资料。

④收集第二手资料进行分析:通过各种途径收集有关二手资料。

提示　探测性调查主要探讨关于市场状况"为什么是这样"的问题,如何发现问题所在,则有赖于进一步的信息收集。

2)描述性调查

(1)定义

描述性调查,就是对企业或商品所要调查问题的状况、特点及发展过程作出客观、准确的描述。如:需要描述市场范围的大小,消费者的基本情况,消费者对公司及其商品的看法和认识,消费者对价格变动的反应情况等。

(2)要点

通过调查主要解决"是什么"的问题。一般要思考 6 个问题(5W1H):谁(Who),什么(What),为什么(Why),何时(When),何地(Where)和怎么样(How)。

思考一下:以调查顾客在某超市购物为例,需要考虑哪些问题?

①谁是超市的主要顾客? 即经常到超市购物的是哪些人?

②应从顾客中获取什么信息? 即从哪些方面调查他们?

③为什么要获取这些信息?

④应在什么时间对顾客进行调查?

⑤应在什么地方对顾客进行调查?

⑥应以什么方式获取信息?

(3)调查中需要注意的问题

①描述的准确性:具体、客观、准确。

②描述的概括性:一般性和普遍性。

③从调查入手,而不是从理论或假设入手。

④避免片面性和个别性,运用个别或典型事例,以偏概全。

⑤避免盲目、无计划地进行调查。

提示 描述性调查主要探讨市场"是什么"的问题,描述性说明市场是"怎样"或"如何"。

3)因果性调查

(1)定义

因果性调查,又称解释性调查,就是在描述性调查的基础上,找出现象之间、问题之间的原因和结果。

(2)要点

通过调查不仅要回答"是什么",而且要回答"为什么"。

（3）因果性调查与描述性调查的区别

①描述性调查回答"是什么"，即知其然。

②因果性调查回答"为什么"，即既要知其然，又要知其所以然。

③因果性调查对问题的调查更深入、细致。

提示 "知其然，知其所以然"，是因果关系调查的任务。

4）预测性调查

（1）定义

预测性调查，是为了预测市场未来的变化趋势，收集和分析过去和现在的各种信息、资料的调查活动，是对市场未来所作的调查。预测性调查是预测的一个重要步骤，它建立在描述性调查、因果关系调查的基础之上。

（2）适用条件

需要对某一经营活动进行预测时，例如要预测某品牌服装未来三个月的销售量是多少，首先需要对市场相关信息进行调查。

（3）作用

它是市场调查在预测中的应用，把调查和预测有机地结合起来。预测性调查的资料具有较高的实用价值，是企业生产和营销活动的重要依据。

提示 为了预测市场未来的变化趋势，收集和分析过去和现在的各种信息资料。

2.2 市场调查的基本内容

2.2.1 我们要面对哪些调查对象

小故事

一个割草工男孩致电陈太太："您需要割草吗？"

陈太太回答："不需要，我已经有割草工了。"

男孩又说："我会把您花丛中的杂草拔掉。"

陈太太回答："这个活儿我的割草工也做了。"

男孩又说："您院子里草和走道的四周，我会都您割整齐。"

陈太太说："我的割草工也做了，谢谢，但是我不想更换割草工。"

男孩挂断了电话,室友问男孩:"你不就是在陈太太那里当割草工吗,打这个电话干什么?"

男孩说:"我想知道,自己所做的一切,是不是让陈太太只雇定了我。"

思考:你从故事中有什么启示?

议一议:市场调查要做些什么呢?是调查对手,还是调查自己?是调查消费者,还是社会公众?是调查企业自己与竞争对手各自的市场份额及优势,还是调查消费者对产品服务的态度?我们要面对的市场调查对象到底包括哪些?

1)什么是调查对象

一项调查不可能把所有方面都包括进来,需要从中选择一些主要特征。要确定调查的项目和指标,首先需要了解调查的对象。

调查对象,又称为分析单位,是进行调查和抽样的基本单位。

调查对象需要根据调查目的与任务来确定。只有了解和熟悉调查对象,才能有针对性地进行调查,顺利完成调查任务。

2)我们要面对哪些调查对象

①个人:即单个的人,如某个中专生、老师、顾客、营业员、经理等,是调查所面对的主要对象。

②群体:具有某些共同特征的一群人,如中学生群体、教师群体、中低收入者等。

③组织:有共同目标和正式分工的一群人组成的单位,如一家企业、商店、公司等。

④社区:是按一定地理区域划分的社会单位,如乡村、城镇、市区等。

⑤经济产物:包括企业的各种活动、社会经济关系、企业的各种制度及产品等。如某商场举办一次促销活动,企业内部的组织结构与管理制度,一家商店经营的所有产品结构等。

在调查活动中,我们往往要面对以上的调查对象。从市场调查的角度来讲,如果将调查对象具体化,一般包括消费者、竞争者、生产者、销售渠道(中间商)以及产品、市场营销环境等一系列与调查目的相关的方面。

市场调查的目的不同,调查范围不同,所要调查的对象也可能有相应变化。

2.2.2 确定调查内容的基本思路

案例

本省消费者委员会商品房消费情况调查

1.个人资料

被调查者的性别、年龄、职业、文化程度、家庭成员数、家庭月收入。

2.购房意向调查(针对尚未购房者)

①选购商品房的信息来源是什么?

②选购商品房时考虑的主要因素有哪些?

③选择的房型是什么?

④选购商品房的面积是多大?

⑤选择购房的付款方式是什么?

3.购房消费环境调查(针对已购房者)

①所购商品房与购买前开发商的宣传、承诺是否一致?

②如不一致,在哪些方面有出入?

③交房时开发商是否提供了《住宅质量保证书》和《住宅使用说明书》?

④所购商品房是否与实际面积相符?

⑤所购商品房是否存在质量问题?

⑥在购买和使用商品房过程中出现问题,希望通过什么途径解决?

⑦是否对保护自己相关权益的法规有所了解?

思考:以上案例针对商品房消费者情况调查了哪些方面的内容?这些内容是怎样确定的?

调查内容是收集资料的依据,是为实现调查目标服务的,它可以是抽象的观念,例如人们的理想、信念、价值观和人生观等;也可以是具体的习惯或行为,例如人们接触媒介的习惯,对商品品牌的喜好,购物的习惯和行为等。

为减少调查的盲目性和人、财、物的浪费,对所需要收集的资料和信息及调查步骤要科学规划。因此,在市场调查中,必须根据明确的调查目的,确定具体的调查内容和项目。但前提是设计调查内容要有一个基本思路。

所谓调查内容的基本思路,就是无论选择什么调查课题,面对怎样的调查对象,都要围绕这些方面来进行思考,最终形成所要调查的基本内容。

调查内容的基本思路,围绕3个方面来进行考虑:状态、意向性和行为。

1）状态

状态是指调查对象的基本情况,具体可用一些客观指标来反映。

（1）有关个人的状态

有关个人的状态包括:被调查者的年龄、性别、身高、体重、职业、收入水平、文化程度、婚姻状况等内容。

（2）有关企业的状态

有关企业的状态包括:组织结构、人员规模、产量、产值、销售额、利润额等内容。

（3）有关产品的状态

有关产品的状态包括:品牌、式样、特色、质量、色彩、规格、包装等内容。

2）意向性

意向性是指调查对象的内在属性,它是一种主观变量,主要包括:态度、观念、个性、动机、偏好、倾向性等。

在这里,要注意两个方面的问题:

①不仅个人和群体具有意向性,组织、社区甚至社会产品也具有意向性。

②意向性是内隐的,很难直接观测。

想一想:请针对消费者（调查对象）设计一组问题来描述被调查者的态度、观念、行为倾向。

3）行为

行为是指调查对象的各种行动和活动,行为是一种外在变量,可以通过直接观察得来。例如:了解和观察消费者购买商品的时间、地点、方式、面部表情、对商品的反映等。

 问题思考 区别下列问题分别属于什么内容？

①您的年龄与性别。

②您的职业。

③您使用的手机是什么牌子？

④目前市场上都有什么品牌的手机？

⑤您购买手机主要考虑哪些因素？

⑥您购买的手机价格高不高？

⑦您对厂家的售后服务满意吗?

⑧您每月的话费是多少?

⑨您每月能承担的话费是多少?

提示　对于任何一项调查,需要从状态、意向性和行为三方面来设计所要调查的内容。

2.3　围绕企业营销活动需要调查的内容

2.3.1　企业开展营销活动的步骤

企业营销活动,是指企业为达成自身的目标,辨别、分析、选择和发掘市场营销机会,规划、执行和控制企业营销活动的全过程。一个企业要开展正式的市场营销活动,需要从以下步骤来进行考虑:

第一步,分析市场,发现市场机会。

第二步,选择目标市场。

第三步,规划营销策略。

第四步,制订营销计划。

第五步,实施和控制营销活动。

1)分析市场,发现市场机会

在竞争激烈的买方市场,有利可图的营销机会并不多。企业必须对市场营销环境、消费者需求及竞争者行为进行调查研究,识别、评价和选择市场机会。

企业通过发现消费者现实的和潜在的需求,寻找各种"环境机会",并且对各种"环境机会"进行评估,然后确定本企业最适当的"企业机会"。

2)选择目标市场

选择目标市场是对企业机会进一步的研究,研究企业要进入哪个市场或者某个市场的哪个部分,确定为哪一部分消费者服务,把这一部分消费者作为企业的目标市场。要确定正确的目标市场,企业需要在进行大量市场调查分析的基础之上对市场进行准确的细分和市场定位。

3)规划营销策略

规划营销策略,就是要对产品、定价、分销和促销(4PS)进行综合分析,选择最有效的组合方式。确定正确的市场营销组合策略,是市场营销活动成功的关键环节。企业营销策略的制订体现在市场营销组合的设计上。

4)制订营销活动计划

企业在确定了自己的目标市场和规划营销策略之后,接下来开展具体的营销活动。在开展营销活动过程中,企业需要对市场营销活动进行有效的管理,营销活动离不开营销管理系统的支持。

①制订市场营销计划。既要制订长期战略规划,决定企业的发展方向和目标,又要有具体的市场营销计划,具体实施战略计划目标。

②组建市场营销组织。营销计划需要有一个强有力的营销组织来执行。根据计划目标,需要组建一个高效的营销组织结构,需要对组织人员实施筛选、培训、激励和评估等一系列管理活动。

5)实施并进行控制

在营销计划实施过程中,需要控制系统来保证市场营销目标的实施。营销控制主要有企业年度计划控制、企业盈利控制、营销战略控制等。

营销管理的 3 个系统是相互联系,相互制约的。市场营销计划是营销组织活动的指导,营销组织负责实施营销计划,计划实施需要控制,保证计划得以实现。

2.3.2 围绕企业营销活动需要市场的内容

1)市场营销环境调查

市场营销环境是指影响企业开展营销活动的各种因素,包括营销微观环境和营销宏观环境。企业市场营销活动受到众多的宏观环境因素与微观环境因素的影响。企业只有对各种营销环境进行调查与分析,才能够从中发现更多的市场机会,避免各种环境给企业带来的威胁。在市场营销环境中,需要调查的内容有:

(1)微观环境调查

微观环境是相对宏观环境而言的,是指直接影响企业营销活动的各种因素,是企业能够主动控制和可以施加影响的因素。包括的因素有:企业自身因素、中间商、消费者、竞争者和社会公众。

①企业自身因素调查。包括的内容有:企业现有人力、财力、物力资源情况,营销部门建立的情况,营销人员的选择和使用情况,企业营销的管理情况,企业与其他部门的协调配合情况。

②竞争者调查。竞争是市场经济的必然产物,任何企业都不可回避,更不可视

而不见,必须直面竞争,合理竞争。为此,必须充分了解竞争者及其策略,做到知己知彼,从竞争中发展壮大。

对竞争者的调查包括:需要明确企业面对哪些竞争者,主要的竞争者有哪些,他们采取了怎样的营销手段,等等。

③消费者需求调查。按照市场营销中对消费者需求分析的方法(5W1H 分析法),在任何一个消费者市场上,作为企业的营销人员需要搞清楚这 6 个方面的问题:谁在购买(Who)? 购买什么(What)? 为什么购买(Why)? 何时购买(When)? 何地购买(Where)? 怎样购买(How)?

结合对消费者需求分析的实际要求,需要调查的内容有:一个地区或家庭消费者的经济状况和收入情况,在不同阶段消费者需求有什么特征,消费者的消费习惯及购买心理,消费者对特定品牌或不同商店的态度,在一个家庭中购买商品的提议者、决策者、购买者和使用者分别是谁等内容。

消费者购买力的构成。概括为城乡居民购买力、社会集团购买力和生产资料购买力。城市居民购买力调查应着重于城市居民的工资收入及其他收入,农村农民购买力调查应着重于农民农业生产收入及其他副业收入。社会集团购买力是政府机关、事业单位的购买力,主要通过财政拨款,调查应着重于国家财政收支状况、政府财政政策及社会集团的"讨价还价"能力。生产资料购买力调查应着重于国家经济政策、经济发展水平和速度、信贷政策和集资政策及外资引进情况等。

消费者购买力的投向。涉及三个方面:一是生活性消费的投向,调查应着重于消费者的经济收入、消费者心理、消费者倾向、商品和物价指数变化等;二是生产性消费的投向,调查应着重于经济发展规划、经济发展热点、行业的连带性和经济发展周期等;三是生产性消费与生活性消费投向的比例关系,调查应着重于生产热点或生活热点、物价指数和积累率。

④社会公众调查。也称企业协作者调查。企业是一个开放的经济实体,有多种形式的协作者,可以分为直接协作者和间接协作者。

直接协作者是指提供生产经营要素和接纳产品、半成品及其他副产品等产出结果的相关企业或个人,包括协作企业、营销企业、银行部门等。对直接协作者的调查应着重于企业需要哪些协作者、协作者的资信状况和协作者对企业的忠诚程度。

间接协作者主要指间接、有意无意地为企业提供帮助或服务的社会公众,包括政府公众、金融公众、媒介公众、群众团体、一般公众和当地公众。对间接协作者的调查应着重于各种间接协作者的间接程度、不同公众对企业有哪些要求,本地有影响的公众媒体有哪些,对企业会造成怎样的影响等。

（2）宏观环境调查

宏观环境是相对微观环境而言的,是指对企业营销活动有影响的各种社会性因素,包括的因素有:人口环境、经济环境、社会文化环境、自然环境、科学技术环境、政治与法律环境。这些环境具有普遍性,也就是说它对任何企业都会造成影响,是企业不能控制、不能改变,只能适应的因素。它既能给企业带来新的市场机会,也可能造成营销威胁。企业只有通过市场调查,了解和判断这些因素将要给企业造成怎样的影响,才能够发现更多的市场机会,也能够主动避免给企业造成的威胁。

①人口环境调查。包括:一个地区或市场的人口规模、人口结构、人口分布和人口流动情况等。

②经济环境调查。市场经济环境主要是指市场所处的经济发展水平、速度及周期、国民经济比例关系等方面的环境。市场经济环境对企业经营的影响十分强烈。

经济发展水平,是指经济发展在某一时点的静态凝结。不同地区的经济发展一般会存在差异,有些差异还很明显。显然,对不同经济发展的调研,可以发现企业的目标市场。调查的重点在经济发展水平的高低,高低差距多大,高的优势何在,低的劣势何在,优势的利用价值有多大等。

经济发展速度,是指经济发展的动态反映。经济发展越快,经济越显生机,越能给企业带来机遇。调查的重点在地区经济发展速度的快慢:发展速度快时,机遇与风险多大;发展速度慢时,机遇与风险多大,何时有机遇,何时有风险;地区经济发展何时起步,会在哪些行业起步等。

经济发展周期,是指经济发展依其自身规律,表现出一定的周期性。企业应充分调研周期性,根据周期性调整经营方向和措施,在复苏时,大胆发展,在繁荣末期缩减经营规模或转向其他复苏发展的地区或行业。调查的重点在经济发展周期明显性如何,周期时间持续长短,周期内不同阶段经济发展幅度大小,行业受其影响多大等。

国民经济比例关系,是指各项基本经济结构,包括国民经济第一产业、第二产业、第三产业的比例关系,生产部门内部的比例关系,消费与积累的比例关系,基础产业的发展,财税政策等。

③社会文化环境调查。不同民族的国家或地区,有不同的与其生存环境相适应的社会生活准则和生活方式,这些社会生活准则和生活方式总称为社会文化环境。

社会文化环境,主要是指文化素养、社会教育水平、民族与宗教状况、社会价值观念及社会物质文化水平、风俗习惯和社会时尚等。它会对企业的生产经营产生一定的影响。

消费者的文化素养与社会教育水平是影响消费水平和消费结构的重要因素。不同的社会教育水平下的不同文化程度的消费者,具有不同的消费观念和消费结构。随着社会教育水平和消费者文化水平的健康发展,消费者对商品的鉴别能力会有所提高,理性购买的比重加大。调查的重点在各地区文化素养与社会教育水平的高低差距:各地区文化素养的层次特点如何,文化素养变化提高程度如何,影响文化素养变化提高的因素有哪些,与文化素养相适应的产品、价格、渠道和促销方式是什么等。

民族与宗教状况,也是对市场发生重要影响的社会文化因素。比如,我国是一个多民族国家,各民族有各自的传统民俗,宗教信仰也是这样。调查时不能忽视这些,着重注意调查崇尚什么和禁忌什么,民族与宗教团体的价值观及对成员的约束力大小如何等。

风俗习惯,是指由地理、历史、行政等原因,经过长时间演化而形成的一种较固定的、人们普遍接受的风尚。对风俗习惯的调查着重于不同地区有哪些不同的风俗习惯,不同的风俗习惯的特点如何,风俗习惯改变的可能性有多大,不同的风俗习惯对企业营销的利弊何在,如何利用风俗习惯进行生产经营。

社会时尚,是指由于某些特殊原因,使某种思潮、产品或消费方式成为一时新宠而形成的时尚。对社会时尚的调查着重于时尚形成的征兆指标是什么,时尚的波及范围多大,时尚对企业的影响是什么,强弱如何,持续时间的长短,时尚形成及结束的形式是怎样的等。

④自然、科技环境调查。任何企业都是处在一定的自然环境之中。自然条件主要指原料资源、气候条件、交通条件等。企业市场调查应着重于自然资源是否丰富,哪些资源丰富,哪些资源贫乏,气候是否适宜,交通是否便利,运输方式选择余地是否充足,运输时间是否适当,运输成本是否低廉等。

科学技术是第一生产力。技术的创新往往会带来新原料、新工艺、新方法的相应出现,会给相关企业带来风险和机遇。

国家制定和实施技术政策,强化科学技术管理的规范化,可以推动科学技术的发展。对技术政策的调查应着重于技术政策有无重大变化,每项技术政策变化对企业的现实和潜在影响多大等。

总的来看,技术发展是一个加速发展的过程。一方面,技术发展使设备和产品更新换代加快,产品技术含量增加。同时,技术含量高的高附加值产品带来丰厚利润,诱导企业花费更多的科研费用去进一步发展技术。对技术发展速度的调查应着重于技术发展速度的快慢,技术突破对企业的影响如何,企业该如何应对,企业自身有无必要参与研制、开发和引进新技术等。

⑤政治法律环境调查。市场政治法律环境，主要是指国家各项政策、方针、法令、法规等对市场活动的影响。市场政治法律环境调查主要是了解国家各项政策、方针、法令、法规的具体内容。例如：国家在一定历史时期的工农业生产发展的方针政策、工资政策、物价政策、税收和信贷政策、对外贸易政策等。又如，企业法、经济合同法、环境保护法、商标法、消费者权益法等。这些具体的方针政策和法律法规，对市场有直接影响，是市场调查必须认真分析和了解的内容。对于市场政治法律环境调查应着重于3点：一是现有政策、法规。分析企业什么可做，什么不可做，什么可尝试做。二是政策、法规的变化趋势。探寻企业发展方向，争取主动，以立于不败之地。三是政策、法规及其变化趋势对企业的影响程度。企业经营是否应转向，是否应调整。

2)市场产品供给与需求调查

(1)市场产品供给调查

市场产品供给调查，也可称为市场产品资源调查。市场产品资源是指一定时期市场所拥有的产品供应量，是满足市场产品需求的物质基础。对市场产品供给的调查是市场调查的重要内容。

我国物质产品市场的产品资源可分为国产产品和进口产品，其中，国产产品占绝大多数。在针对企业所做的市场产品资源调查，主要是对国产产品资源的调查。

①产品数量与构成调查。从根本上看，国产产品主要来自我国的工农业生产部门，工农业产品资源的总量一般可以由国家统计部门的有关资料中得到。但是，更具体详细的资料则要对工农业生产部门可提供的产品数量与构成进行调查。

工业产品资源调查，应着重于某种或某类产品生产企业的数量，企业的地理分布情况，企业的生产能力、生产设备情况，企业生产产品的数量、品种、规格、质量、利润、原材料供应等情况，企业的设备挖潜、更新、改造、技术引进和新产品开发等措施进行调查。

农业产品资源调查，应着重于农业生产情况、农产品的生产地域、农产品的产量、农产品的产品率、农产品生产与收购的季节性等内容的调查。

②组织产品资源调查。对于生产或营销企业，组织产品资源调查，必须根据本企业生产或营销的特点进行。生产企业调查应着重于与同行比产品质量和功能，降低成本，提高利润，对新产品开发的重视程度等方面。营销企业的主要任务是组织货源，通过市场调查，对于供过于求的商品，要选择质量最好的货源，组织商品营销；对于供不应求的商品，要努力取得较多的货源。

（2）市场商品需求调查

市场商品需求调查是市场调查的核心内容。市场商品需求调查的主要内容是：市场商品需求总量及结构，各种商品的需求数量、质量、品种、规格、包装装潢，各种商品的需求地点和时间，对商品需求的满足程度，商品的市场占有率等。

①市场商品需求总量及其构成调查。商品需求总量及其构成，是从宏观上对全国或某一地区市场的需求总量及其构成的调查研究，它由居民购买力的实现和不同投向来反映，由统计部门和有关经济管理部门组织调查，是企业生产与营销的间接市场资料。

②具体商品需求调查。各种商品需求数量、质量、品种、规格、包装装潢，其需求的时间、地点是企业组织市场调查的重要内容，也是企业生产与营销的重要依据。这些内容可以直接命名为市场调查课题，进行资料搜集。

③市场商品需求影响因素调查。包括的因素有：人口构成、家庭、消费心理和购买行为、市场占有率等。

人口构成：从商品需求的角度了解人口的构成，主要是对人口的年龄、性别、民族、职业、文化程度、地区构成进行调查，以便分析和研究由此引起的商品需求的状况和变动规律。对这些内容的调查有利于生产和营销企业开辟新市场，巩固和发展老市场，提高企业的经济效益。

家庭：是由消费者组成的消费品的基本购买单位。家庭户数及其构成是影响商品需求的重要因素。现在，家庭在向小型化发展，即每个家庭的人数指标在下降。在消费品中，有些商品的需求量与每个家庭的人数成正比，如粮、油、副食品等；有些商品的需求量与每个家庭的人数成反比，如家电类。家庭成员的构成不同，也会使商品需求结构有所差异。市场调查必须对家庭的数量、构成及对不同商品需求的影响进行调查。

消费心理：是消费者在满足需求的过程中产生的意愿或认识。消费心理对消费行为起支配作用。每个消费者都有一定的消费心理，消费心理各式各样，概括起来有求实、求名、求美、求异等，主要由消费者的生活方式、性格、追求目标等决定。每次购买行为中，并不一定仅受一种消费心理支配，许多商品并不仅仅具有单一的功能。因此，消费心理就是比较复杂的现象。在进行消费心理调查时，特别注意消费者市场的可引导性，提高企业的市场占有率。

消费者购买行为：是受消费心理支配而产生的购买商品活动。消费者购买行为由购买商品的种类、式样、牌号及购买的数量、时间、地点等内容组成。主要有习惯购买、挑选购买、信誉购买、随机购买、执行购买和触发购买等类型。每一个购买行为都会经历相互联系的购买酝酿、购买决定、购后评价 3 个阶段。消费者的本次购买行为和下次购买行为也是有联系的。通过市场调查掌握消费者的购买行为，可以促使企业有力地开发新产品，实施促销，提高企业的市场占有率。

企业产品市场占有率：是指一定时期内本企业某种产品销售量（额）与市场上同类产品总销售量（额）的统计资料，加以测算得到该产品的市场占有率指标。这是一个研究市场需求量的相对指标。为此，企业不但要做好本企业的产品销售统计，而且要搜集市场产品销售的资料，及时核算市场占有率，了解企业在市场中的地位，以便采取措施，提高企业经济效益。

3）目标市场调查

企业选择目标市场是市场营销战略中所要解决的问题，企业如何选择和确定自己的目标市场，首先需要从营销战略的角度进行调查。它包括的内容有：

（1）企业战略思想调查

战略思想是企业立足于市场，达成最终目标的全局性的指导思想，是谋求企业生存和发展的观念、意识。战略思想决定企业的经营宗旨，进而决定组织结构、营销观念及营销策略等。

①战略思想与环境变化的调查。企业环境始终是一种外在因素，也是不可控因素。企业为了自身生存和发展，只有顺应环境变化，适应环境变化，并从环境变化中寻找发展机会，利用机会发展。战略思想与环境变化的调查应着重于：企业是否有战略思想，战略思想是否符合环境变化的大方向，战略思想能否适应环境变化的节奏，环境变化的规律性等。

②战略思想与企业经营资源的调查。企业要生存和发展，必须具备一定的条件，或在某一个方面具备相对优势，诸如人力资源、物力资源、资金资源、无形资源、技术资源等。战略思想与企业经营资源的调查应着重于：企业发展战略的实施需要哪些条件，企业有哪些优势，发展战略与优势的吻合情况，企业有哪些劣势，哪些优势与劣势可以转换等。

③战略思想与企业文化的调查。企业文化是企业精神文明和物质文明的总称，是战略思想贯彻的重要途径，是企业经营管理及竞争的组成部分。战略思想与企业文化的调查应着重于：企业文化是否与战略思想吻合，吻合程度怎样，分歧在什么地方，是否影响战略思想的贯彻，企业文化的阶段性目标如何，各阶段性目标是否与客观实际一致，企业文化的建设情况怎样等。

④战略思想与营销战略的调查。将战略思想具体化，运用到企业营销活动中去，就反映为营销战略和营销策略。营销战略是指市场的细分、目标市场的选择、目标市场的定位。战略思想与营销战略的调查应着重于营销战略是否围绕战略思想而制订，营销战略与战略思想有无偏离现象，营销战略是否符合市场实际等。

（2）目标市场调查

目标市场调查所要了解的内容有：企业所面对市场现有的销售量情况，企业市场细分情况的调查，不同细分市场对产品的需求情况如何，每一细分市场的饱和量和潜在能力是多少，本企业产品在市场的占有率情况，哪些细分出的市场对本企业更有利，企业在市场竞争中有哪些优势和劣势，以及主要竞争者在市场上有哪些优势和劣势等。

4）营销策略调查

市场营销策略中包括的 4PS 是产品、价格、分销渠道和促销。围绕制订营销策略所要调查的内容有：产品策略的调查、定价策略的调查、分销渠道策略的调查、促销策略的调查。

（1）产品策略调查

产品策略调查应着重于 3 个方面：产品组合调查、现有产品形象调查和产品开发机会调查。

产品组合调查，是对各种产品的盈利能力的大小，各种产品的盈利前景变化状况，各种产品在生产、营销、消费中的相互关系等方面的调查。

现有产品形象调查，是对消费者接纳产品的程度、产品包装功能、产品品名、商标、装潢与企业形象、社会规范、消费者胃口的适宜情况，产品品质与推广产品是否一致，产品效用能否满足消费者需要，消费者对产品及推广上有哪些不满及改良方向等方面的调查。

产品开发机会调查，是对消费者某种需要的范围大小、强弱程度，消费者某种需要所形成的潜在市场容量大小、强弱程度，企业是否有能力开发该市场、能否创造或激发新的需要等方面的调查。

对产品策略方面调查包括的基本内容是：

①企业的产品及产品组合情况。

②不同产品处于市场生命周期的什么阶段、表现出哪些特点、企业当前采取了哪些营销策略。

③企业如何根据市场需要开发新产品、开发出了什么新产品、在市场的销售情况如何。

④企业是如何对现有产品进行改进的，企业是如何推广新产品的，推广时考虑了哪些问题，采取了哪些营销策略。

⑤市场同类产品的包装情况及企业产品包装的现状。

⑥顾客对企业产品的满意度和信誉度情况。

⑦企业如何改进产品的售前、售中、售后服务等内容。

（2）价格策略调查

价格策略调查应着重于 4 个方面：价格与成本的调查、价格与效用的调查、价格与承受力的调查和价格与其他因素的调查。

价格与成本的调查是对成本中各项盘查项目的结构是否合理，各项目影响因素变化趋势，降低成本的方法和方向等方面的调查。

价格与效用的调查是对价格制定时对效用的评估是否合理，消费者使用后的评价和感受是否良好，产品是否发现新的效用等方面的调查。

价格与承受力调查是对产品的目标消费者的收入水平及变化趋势，产品效用是否有非必要效用，是否能用廉价材料代用品来降低成本，是否通过推广途径来相对提高消费者的承受力等方面的调查。

价格与其他因素调查是对不同环境中的消费者对产品认识上有什么区别，同一产品在不同的生命周期其价格该有什么变化，不同产品的弹性系数以及对不同的消费者有何不同，怎样宣传促销才能提高产品在消费者心目中的整体效用等方面的调查。

对价格策略方面调查的基本内容包括：

①产品定价需要考虑哪些影响因素，其中需要考虑的主要因素是什么。

②新产品应选择什么样的定价策略，哪种策略更适合该产品。

③消费者对产品价格有怎样的心理要求。

④产品价格变动对企业会造成什么影响。

⑤产品价格变动引起消费者什么样的反映。

⑥竞争者，特别是主要竞争者会作出哪些反映。

⑦不同产品的价格需求弹性如何，价格与供求之间会呈现什么反映等内容。

（3）分销渠道策略调查

分销渠道策略调查应着重于两个方面：一是渠道选择调查；二是销售渠道维持调查。

渠道选择调查：是对产品各种属性、各种备选渠道的优缺点，如何选择渠道才合理，不同运输方式及路线的运费开支高低，不同环节的库存数量及开支是否合理，销售渠道的节点的财务状况、经营状况、信誉状况及前景如何等方面的调查。

销售渠道维持调查：是对销售渠道中产品的特性变化，实际配送是否经济合理、快捷安全，合作伙伴资信状况的变化对企业忠诚度的影响以及改进和调整的方向等方面的调查。

对分销渠道策略方面调查包括的基本内容是：

①企业产品分销渠道的基本情况，主要的分销形式有哪些。

②企业运用中间商的情况如何。

③产品分销受到哪些因素的影响,其中主要的影响因素是什么。

④企业原有分销渠道的情况如何,对企业产品分销起到什么作用。

⑤企业控制和调整分销的情况等内容。

(4)促销策略调查

促销策略调查应着重于:促销方式的选择调查;促销方式的效果调查。

促销方式的选择调查是企业决策者对促销方式达到效果的具体要求,企业及产品的特点、优势是什么,企业及产品的目标消费者的活动范围、时间、特性、喜好是什么,各种促销方式和媒体的特点、优点及接触对象是什么,选择的促销方式和费用开支情况等方面的调查。

促销方式的效果调查:是对促销内容是否完整准确、简单易懂,促销内容是否及时完整送达目标消费者,促销方式是否影响消费者及影响的程度,促销效果如何及利益与支出比例大小如何,促销对企业现状的改善情况如何,以及企业的社会效益如何等方面的调查。

对促销策略方面调查的基本内容包括:

①企业现有的促销方式有哪些,其中主要的促销方式是哪些,各种促销方式在产品促销中所起的作用如何。

②企业运用人员推销的形式、作用及需要解决的问题。

③企业采取了哪些营业推广的方式,各种方式起到了什么作用,需要注意什么问题。

④企业在运用广告促销上的情况,广告的宣传对象是什么,广告所运用媒体的情况如何,广告宣传运用的技术和手段情况及广告的促销效果等。

⑤企业开展公共关系活动的情况,企业要面对哪些社会公众,主要的公众是什么,开展了哪些具体的公关活动,效果如何,企业是如何开展危机公关等方面的内容。

总之,广泛的市场调查有助于企业探寻机会,减少风险,正确决策。由于企业不可能搜集到全部信息或资料,因此,必须依靠对其他资料的正确解释与分析。当企业能够搜集到主要相关信息或资料,并以此进行合理的预测,就是基本正确和合理的决策建议。

2.4　确定市场调查课题

市场调查准备阶段的第一步,就是确定调查任务。确定调查任务的首要工作是选择调查课题。只有确定了市场调查课题,明确了市场调查目的,才能确定市场调查的范围、内容和方法,才能开始具体的市场调查组织实施工作。

市场调查课题,又称调查题目或市场研究项目,是指一项正式调查所要说明或解决的问题。包括应收集什么样的主题信息,研究什么问题,达到什么目的。

要正确选择调查课题,就必须善于正确提出问题。正确提出问题是正确认识问题和解决问题的前提。因此,有必要专门探讨一下如何提出问题、选取调查主题、分解界定、选择调查课题。

2.4.1 调查课题的类型

按照不同的标准,调查课题划分为不同的类型。

1)根据调查目的不同,调查课题可分为理论性课题和应用性课题

①理论性课题。是指以揭示某种现象的本质及其发展规律为主要目的而进行调查研究的课题。例如,我国社会阶层结构的现状,现代社会的家庭职能及其变化发展趋势等,都可作为理论性的调查课题。

②应用性课题。是指以提出解决某种问题的具体方案或对策为主要目的而进行调查研究的课题。例如,为解决居民居住问题而进行的住房调查,属于应用性的调查课题。理论性课题的调查结论可用于指导实践,应用性课题的调查资料也可用于理论研究。

此外,有些调查课题往往具有双重目的。例如,小城镇调查,社会分层调查等,就兼有理论研究和应用研究这两方面的目的或功能。

2)根据调查的深度不同,调查课题可分为描述性课题,因果性课题和预测性课题

①描述性课题。是指对某种现象的真实情况进行具体描写或叙述的课题,它主要回答"是什么""怎么样"的问题。例如,人口普查、工业普查、民众生活状况调查等,都是描述性的调查课题。

②因果性课题。是指揭示两种或两种以上现象之间因果关系的课题,它主要回答"为什么""怎么办"的问题。例如,青少年购买力投向调查,不仅要说明青少年购买力投向的具体情况,而且要进一步研究其购买力的投向与家庭状况、学校教育、社会环境之间的因果联系,并从中寻找出引导激发青少年正常消费问题的途径和方法。

③预测性课题。是指在说明某种现象的现状及其因果联系的基础上,进一步推测这种现象的发展趋势或状况的课题,它主要回答"将怎样""应怎样"的问题。例如,"2020 年的中国"就是一个预测性的课题,它立足于中国的现实,根据社会条件的变化及其因果关系,预测中国的发展趋势和到 2020 年的状况,并说明在此之前中国应该采取哪些方针和政策。

这三类调查课题,一类比一类更深入,一类比一类更困难。描述性课题是最低层次的调查课题,但也是最基本的调查课题,它是后两类调查课题的基础。因果性课题是较高层次的调查课题,也是使用得最广泛的调查课题,它是进行预测的前提。预测性课题是最高层次的调查课题,它对实际工作和理论研究都具有重要的指导意义。

2.4.2　如何确定市场调查课题

1)市场调查课题确定的原则

①针对性原则。评估为何要做此项调研(目的),决策是否需要此项调研。
②价值性原则。评估此项调研是否值得做,信息价值和调研成本如何。
③可行性原则。评估信息获取的可能性、调研能力和调研成本的可行性。

2)调查课题的选择步骤

调查课题选择得如何,关系到市场调查是否具有针对性、可行性、有效性和价值性,这在一定程度上决定着整个调查的成败。因此,选择调查课题就显得非常重要。

调查课题选择的主要步骤是:

①从发现问题开始,选取调查主题,提出设想。在大量现象、问题和领域中,根据调查者的兴趣、需要和动机确定调查主题,比如青少年高消费行为、大中专毕业生就业问题等。

②建立研究框架。即进一步明确调查的范围,集中调查的焦点,将比较笼统、宽泛、模糊的调查主题具体化、精确化。只有能够界定清楚的问题,才可能成为调查研究的课题。

界定分为 3 种:一是对象界定,对象主要包括政府、消费者、生产者、合作社、竞争者、股东、工商行政与税务管理人员、新闻机构等;二是学科或者方法界定,主要包括理论分析、比较分析、统计分析、计量经济分析、数理经济分析等;三是时间和空间界定,包括时间段、地区选择等。

下面以企业市场环境为例,对如何开展市场调查课题选择进行分析:首先要发现问题,思考市场环境"是什么""怎样发生变化的""为什么"等,基本确定调查主题"市场微观环境调研";再从中选择"该研究什么",进一步确定与市场微观环境有关的"消费者调研,融洽与协作者调研、竞争者调研和社会公众调研"等调查课题。具体可以按以下 4 个步骤进行:

第一,限制课题的研究范围。包含两层意思:一是限定课题的深度;二是限定课题的广度。限定课题的深度,就是根据二手资料和本次调查的可能,限定这次研究能够深入到什么层次,达到什么程度。限定课题的广度,就是要在时间、类型和内容上限定研究的范围。例如,在市场环境中限制对市场微观环境的调研。

第二,分解课题。就是把一个大的问题分成许多相关的小问题。通过对问题的分解,才能确定某个问题当前能不能研究和怎么研究,来解决"应当研究什么"的问题。

具体地说,将"市场微观环境调研"分解成消费者群调研、融洽与协作者调研、竞争者调研和社会公众调研等相关的几个小问题,可以从购买力的构成和投向、协作企业、营销企业、金融公众、媒介公众、群众团体、一般公众、竞争者等方面选出许多调研题目。例如,"对消费者需求结构变化情况的调查"(见图 2.1)。

$$市场环境调研 \xrightarrow{限制} 微观环境调研 \xrightarrow{分解} \begin{matrix} 消费者群调研 \\ 协作者调研 \\ 竞争者调研 \\ 社会公众调研 \end{matrix}$$

图 2.1　调查课题的限制、分解与界定

第三,选题调研。就是围绕研究的基本方向开展调查,以便确定具体课题。选题调研的具体方法很多,文献研究、专家访谈、座谈会等。围绕问题探究各种现象、多方寻找线索、不断分析比较、善于移植类比,最后建立研究框架,明确调查的范围,确定一个与企业经营环境有关的有意义的调查课题。例如,"2013—2014 年对武汉市消费者需求结构变化情况的调查"。

第四,写选题论证报告。选题论证是对所选课题进行评价性研究的过程。选题论证侧重于课题的价值性、科学性、创新性、可行性等,主要回答"为什么研究"和"研究什么"的问题,要写成简明、具体、概括的报告。具体内容一般包括:论证报告名称、课题名称、课题负责人和课题组成员(分工)、研究的目的意义、研究的主要内容(问题)、研究的方法、研究的现状和预期成果、条件分析等,并交相关部门。

③设计调查方案。确定了调查课题,明确了调查目的之后,接下来可以进行调查方案的设计工作了。如何设计调查方案,我们将在任务 5 中进行专门阐述。

3)市场调查课题参考

市场调查课题的来源有以下 3 种情况:一是由组织实施市场调查的单位自行确定,一般应根据社会经济生活的实际,注意选择企业领导关注的、企业决策需要的、社会公众关心的热点、难点问题;二是由上级单位指定交办,即由上级单位根据需要指定市场调查课题后,交有关单位组织实施,例如各级政府、各级行业主管部门指定的市场调查课题等;三是由委托单位提出。

下面,将有关市场调查方面的具体课题列举出来,以供参考。

①对本市手机市场的调查。

②对本市电脑市场的调查。

③对本市服装市场的调查。

④对本市化妆品价格的调查。

⑤对本市儿童食品的调查。

⑥对本市居民收入情况的调查。

⑦对某一家电企业在本地市场占有率的调查。

⑧对本市超市经营情况的调查。

⑨对消费者关于企业营销活动方面看法的调查。

⑩对本地市民饮食风俗习惯的调查。

【做一做】

一、实训活动项目:根据各组选择调查的商品,确定调查内容

◎　目的

市场调查内容是一项调查活动所要了解的调查项目和调查指标,是解决"调查什么"的,是一项调查活动首先需要解决的问题。结合企业营销活动的需要,明确所要调查的基本内容,为实际调查活动制订具体调查内容作好准备。

◎　要求

1.结合同学们在前面所选择的商品及分组情况,确定一个调查题目,作为本课程学习过程中的任务。

2.围绕自己的选题,结合课堂的理论学习,确定需要调查的内容。

◎　程序及注意事项

1.按老师提供的选题,根据自己所熟悉的和自己的兴趣程度选择一个最合适的题目。

2.结合课堂的理论学习,对选题的调查内容形成一个基本框架。

3.在基本框架的基础上,不断增加具体的项目和指标,形成调查内容的草稿。

4.经过反复的思考和修改,形成最终的调查内容。

二、经典案例阅读

案　例

吉利雏菊刮毛刀的故事

　　吉利公司创建于1901年,其产品因使男人刮胡子变得方便、舒适、安全而大受欢迎。进入20世纪70年代,吉利公司的销售额已达20亿美元,成为世界著名的跨国公司。然而,吉利公司的领导者并不因此满足,而是想方设法继续拓展市场,争取更多用户。就在1974年,公司提出了面向妇女推销妇女专用的"刮毛刀",且大获成功。

　　这一决策看似荒谬,却是建立在坚实可靠的市场调查的基础之上的。

　　吉利公司用了一年的时间进行了周密的市场调查,发现:在美国,30岁以上的妇女中,有65%的人为保持美好形象,要定期刮除腿毛和腋毛。这些妇女之中,除使用电动刮胡刀和脱毛剂之外,主要靠购买各种男用刮胡刀来满足此项需要,一年在这方面的花费高达7 500万美元。相比之下,美国妇女一年花在眉笔和眼影上的钱仅有6 300万美元,染发剂5 500万美元。毫无疑问,这是一个极有潜力的市场。

　　根据市场调查结果,吉利公司精心设计了新产品,它的刀头部分和男用刮胡刀并无两样,采用一次性使用的双层刀片,但是刀架则选用了色彩鲜艳的塑料,并将握柄改为弧形以便于妇女使用,握柄上还印压了一朵雏菊图案。这样一来,新产品立即显示了女性的特点。

　　为了使雏菊刮毛刀迅速占领市场,吉利公司还拟订几种不同的"定位观念"到消费者中征求意见。这些定位观念包括:突出刮毛刀的"双刀刮毛",突出其创造性的"完全适合女性需求",强调价格的"不到50美分",以及表明产品使用安全的"不伤玉腿"等。

　　最后,公司根据多数妇女的意见,选择了"不伤玉腿"作为推销时突出的重点,刊登广告进行刻意宣传。结果,雏菊刮毛刀一炮打响,迅速畅销全球。

　　这个案例说明:市场调查研究是经营决策的前提,只有充分认识市场,了解市场需求,对市场作出科学的分析判断,决策才具有针对性,从而拓展市场,使企业兴旺发达。

【任务回顾】

通过对本任务的学习,使同学们能够明确在今后的市场调查活动中将要面对怎样的调查对象。根据不同的调查对象,选择具体的调查课题,从而确定所要调查的具体问题。

掌握市场调查的基本程序,明确在市场调查的每一阶段将要完成的任务是什么。只有把握好每一个阶段,才能保证市场调查的顺利进行。

【关键词汇】

1.描述性调查

描述性调查就是对企业所要调查问题的状况、特点及发展过程作出客观、准确的描述。

2.因果性调查

因果性调查又称解释性调查,就是在描述性调查的基础上,找出现象之间、问题之间的原因和结果。

3.调查对象

调查对象又称为分析单位,是进行调查和抽样的基本单位。

4.意向性

意向性是指调查对象的内在属性,它是一种主观变量,主要包括:态度、观念、个性、动机、偏好、倾向性等。

5.行为

行为是指调查对象的各种行动和活动,行为是一种外在变量,可以通过直接观察得来。

【任务检测】

一、单项选择题

1.某企业近几个月来销量明显下降,究竟是什么原因难以确定,应采用何种调查类型进行市场调查(   )。

A.探测性调查   B.描述性调查   C.因果性调查   D.预测性调查

2.反映调查对象的基本情况,如年龄、性别、职业等问题是(   )。

A.状态   B.意向性   C.行为   D.基本问题

3.反映调查对象各种行动和活动的问题是(　　　)。

　　A.状态　　　　　B.意向性　　　　C.行为　　　　　D.基本问题

4.反映调查对象的内在属性,包括态度、观念、个性、动机、偏好、倾向性等问题是(　　　)。

　　A.状态　　　　　B.意向性　　　　C.行为　　　　　D.基本问题

二、多项选择题

1.按调查的时间划分,调查类型有(　　　)、横剖式调查和纵贯式调查。

　　A.经常性调查　　B.定期性调查　　C.一次性调查　　D.反复性调查

2.按调查样本选取的方式划分,包括的市场调查类型有(　　　)。

　　A.市场普查　　　B.重点调查　　　C.典型调查　　　D.抽样调查

3.根据市场调查资料来源及资料收集方法划分,包括的调查类型有(　　　)和文案调查。

　　A.问卷调查　　　B.访问调查　　　C.观察调查　　　D.实验调查

4.我们今后要面对的调查对象有(　　　)和经济产物。

　　A.个人　　　　　B.群体　　　　　C.组织　　　　　D.社区

三、判断题

1.市场调查研究是经营决策的前提。　　　　　　　　　　　　　(　　　)

2.按市场调查所要达到的目的不同,可分为定性市场调查和定量市场调查。

　　　　　　　　　　　　　　　　　　　　　　　　　　　　(　　　)

3.因果性调查主要探讨市场"是什么"的问题,描述性说明市场是"怎样"或"如何"。　　　　　　　　　　　　　　　　　　　　　　　(　　　)

4."知其然,知其所以然"是描述性调查的主要任务。　　　　(　　　)

5.状态是指调查对象的内在属性,它是一种主观变量。主要包括:态度、观念、个性、动机、偏好、倾向性等。　　　　　　　　　　　　(　　　)

6.意向性是指调查对象的基本情况,具体可用一些客观指标来反映。(　　　)

四、问答题

1.按调查的目的和作用划分,市场调查有哪几种类型?

2.描述性调查与因果性调查有什么区别?

3.市场调查者要面对哪些调查对象?

4.确定市场调查内容的基本思路是什么?

5.围绕企业开展营销活动,我们需要调查哪些内容?

五、实务题

1.案例分析:如何看待"富二代"?

中国自20世纪80年代以来,经济突飞猛进,不少人先富了起来,这些富一代的后代被当前的社会戏称为"富二代"。这其实是个贬义居多的词汇,源于最近几年媒体不断曝光"富二代"们的种种不良行为,再加上当前的社会贫富差距越来越大,富人们的一点点动静都能引发普通老百姓的热烈讨论。为了了解民间对这些"富二代"的看法,专门开展了一项关于"你眼中的富二代"的调研。

(1)调查对象的群体特征

①性别构成:在此次调研中,有40%的被访者是男性,有60%的被访者是女性。

②对"富二代"的界定:能称得上"富二代"的家产至少要达到1 000万以上。

(2)你心目中的"富二代"形象

超过八成的被访者认为"富二代"与人交往时表现好坏要视这个"富二代"的个人情况而定,不能一竿子打死所有"富二代",有一成的被访者认为"富二代"与人交往时目中无人,自大骄傲,有6%的被访者认为"富二代"们为人冷淡,朋友很少。

调查结果显示,有三成的人对身边的"富二代"生活的评价是他们奢侈浪费,喜欢炫耀,有近三成人的评价是他们娇生惯养,自理能力不足,有两成人认为他们不思进取,不爱学习,忽略各种能力的培养。另有三成的人身边没有"富二代"。整体而言,大部分身边有"富二代"的人,对"富二代"生活的评价都不高,有钱、嚣张、浪费、娇气、生活能力差是普遍的评价。

(3)"富二代"的社会形象

近四成(37%)的被访者偶尔从媒体上了解有关"富二代"的报道,通过媒体是了解这些信息的主要途径,但也有4%的人没有关注过,并且表示也不想去关注,另外有21%的人经常关注,抱着好奇心期待事情的发展。另有一成的人除了经常关注,还会在网上参与讨论。

作为有钱人的后代,这些"富二代"手中掌握着丰厚的社会资源,那么,他们会对社会有什么影响,此次调查结果显示,有三成多的人认为"富二代"对社会有恶劣影响,会影响整个国民素质的提高,可见有相当多的人认为"富二代"不仅不会有所作为,反而会败坏社会风气。仅有3%的人认为他们对社会有积极影响,能推动中国的经济增长,也有两成(26%)多的人认为富二代对社会影响不大。

(4)如何教育"富二代"

关于"富一代"应该如何教育后代,近一半的被访者(48%)认为应该给予精英式教育,让他们开阔眼界,走向国际,有近四成的人认为应该穷养,让他们知道财富来之不易,培养他们节俭的习惯,唯有3%的人认为应该富养,什么都给他们提供最好的条件,相信大家都知道富养会带来的弊病,但这确实是不少"富一代"会选择的做法。另有一成的人认为任其自由发展,不横加干涉。

通过此次的"富二代"形象调查可以发现,"富二代"这个群体在被访者眼里负面形象居多,在大部分人眼里,"富二代"是纨绔败家子弟的代名词。被访者表示,如果自己的后代有机会成为"富二代",一定会教会他们乐于助人、负责任、节俭生活等良好的品质与习惯,并且希望他们能够在不危害社会情况下去做自己喜欢的事。这表明经过中国第一批因经济改革富起来而率先受益的"富二代"们的失败经历教训,不少人对将来自己会实施的教育有了前车之鉴。

思考:(1)谁作为调查对象? 调查内容是什么?

(2)如果由你负责对"富二代"进行调查,你会从哪些方面来设计调查内容?

2.结合同学们前面所选择的商品,拟订针对这一市场的消费者、销售人员(营业员)和卖场所要调查的具体问题。

任务 3
我们应该向谁调查

 任务目标

1.明确市场调查方式的基本类型。

2.掌握市场普查的优缺点及实施要点。

3.掌握典型调查和重点调查的优缺点,并能够运用典型调查和重点调查
  方式确定调查对象。

4.掌握抽样调查的要点、程序及抽样方法,并运用抽样调查的具体方法
  抽取调查样本。

 实训项目

调查样本的确定。

 学时建议

1.知识性学习 6 学时。

2.具体调查方式运用 4 学时。

3.完成实训项目 2 学时。

【导学语】

你知道什么是调查方式吗? 调查方式在市场调查活动中解决什么问题?

面对茫茫人海，我们应该向谁进行调查?

我们可以采取哪些方式确定我们的调查对象?

案例导入

新中国成立后进行的人口调查

新中国成立以后,我国从1953年进行第一次人口普查开始,分别于1964年、1982年、1990年、2000年和2010年分别进行了第二次至第六次全国人口普查。

人口普查工作是一项庞大的社会系统工程,涉及范围广、参与部门多、技术要求高、工作难度大;人们将我国人口普查称为"和平时期的最大社会动员"。要求各地区、各部门要按照"全国统一领导、部门分工协作、地方分级负责、各方共同参与"的原则,认真做好此项重大国情国力普查的宣传动员和组织实施工作。

第六次全国人口普查涉及各级政府和全国每一户、每一人。此次人口普查经费是各级财政分级负担;除了中央的资金支持,省、市、县政府也筹集了一部分经费,全国加在一起大概花费80亿。

思考:我国对人口调查运用了什么方式? 这种方式有什么特点? 还可以运用其他方式吗?

【学一学】

提示 市场调查方式是解决市场调查活动中"向谁调查"问题的。

按照所确定调查的对象不同,市场调查方式一般包括4种基本方式:市场普查、典型调查、重点调查和抽样调查。

3.1　市场普查

3.1.1　市场普查的定义

1)普查

普查,顾名思义,就是普遍的调查,对调查对象总体的全部单位进行的逐一调查。普查又称为全面调查或整体调查。

2)市场普查

市场普查就是专门组织的对市场调查对象总体中的全部单位无一例外、逐一地进行的全面调查。其中,调查对象是指调查所面对的总体。调查单位是调查对象总体中的每一个具体单位。

例如,我们要对武汉市中专学生的健康情况进行普查,调查对象是武汉市所有的中专学生,武汉市每一名中专学生就是调查单位。

案　例

第六次全国人口普查

人口普查,是世界各国广泛采用的搜集人口资料的一种科学方法,是提供全国基本人口数据的主要来源。

根据国家普查项目和周期安排的有关规定,国务院决定于 2010 年开展第六次全国人口普查。此次人口普查标准时点为 11 月 1 日零时,人口普查主要调查人口和住户的基本情况,内容包括:性别、年龄、民族、受教育程度、行业、职业、迁移流动、社会保障、婚姻生育、死亡、住房情况等。人口普查的对象是在中华人民共和国(不包括香港、澳门和台湾地区)境内居住的自然人。

第六次全国人口普查以邓小平理论和“三个代表”重要思想为指导,深入贯彻落实科学发展观,科学设计、精心组织、依法实施、确保质量,全面、准确地提供基本国情国力数据,为党中央、国务院以及地方各级人民政府宏观管理和科学决策服务。

人口普查是一项重大的国情国力调查。2000 年第五次全国人口普查以来,我国的人口状况发生了很大变化。组织开展第六次全国人口普查,查清了 10 年来我国人口在数量、结构、分布和居住环境等方面的变化情况,为科学制定国民经济和社会发展规划,统筹安排人民的物质和文化生活,实现可持续发展战略,构建社会主义和谐社会,提供科学准确的统计信息支持。

问题:你知道全国人口普查吗? 你是如何看待这一工作的?

3.1.2 市场普查的实施要点

1)明确市场普查的目的

任何调查都有一定的目的。市场普查通常是了解市场的一些至关重要的基本情况,对市场状况作出全面、准确的描述,从而为制定市场有关政策、计划提供可靠的依据。

例如,全国经济普查的目的,是全面调查了解我国第二产业和第三产业的发展规模及布局,了解我国产业组织、产业结构、产业技术的现状以及各生产要素的构成,摸清我国各类企业和单位能源消耗的基本情况,建立健全覆盖国民经济各行业的基本单位名录库、基础信息数据库和统计电子地理信息系统。通过普查,进一步夯实统计基础,完善国民经济核算制度,为加强和改善宏观调控,科学制定中长期发展规划,提供科学准确的统计信息支持。

2)确定调查对象和调查单位

调查目的不同,调查对象是不一样的。根据调查目的来界定调查对象范围,不遗漏任何调查单位,以确保调查数据的准确性。例如,全国经济普查的对象是在我国境内从事第二产业和第三产业的全部法人单位、产业活动单位和个体经营户。具体范围包括:采矿业,制造业,电力、燃气及水的生产和供应业,建筑业,交通运输、仓储业和邮政业,信息传输、计算机服务和软件业,批发和零售业,住宿和餐饮业,金融业,房地产业,租赁和商务服务业,科学研究、技术服务和地质勘查业,水利、环境和公共设施管理业,居民服务和其他服务业,教育,卫生、社会保障和社会福利业,文化、体育和娱乐业,以及公共管理与社会组织等。

3)采取合适的资料报送方式

资料的报送方式主要有两种:

①组织专门的市场普查机构,配备专门的调查人员,对调查单位进行直接登记。例如,全国经济普查,国务院设立经济普查领导小组及其办公室,地方各级人民政府设立经济普查领导小组及其办公室,大中型企业设立经济普查办公室,负责本单位经济普查表的填报工作,其他各类法人单位应指定相关人员负责本单位经济普查表的填报工作。地方经济普查机构要聘用或抽调具有一定经济和统计业务素质的人员担任普查指导员和普查员。

②利用常规的全面统计报表。按照一定的统计组织机构,自上而下布置,自下而上提供资料。统计报表是按统一规定的表式,统一的指标项目,统一的报送时间,自下而上逐级定期提供基本统计资料的调查方式方法。

3.1.3 市场普查实施中应注意的问题

1)普查项目必须简明

市场普查是一项规模较大的调查活动,如果调查项目太多、太杂,既不利于实际调查活动的开展,调查完成后资料的整理和分析也更加复杂,影响整个调查的质量和效果。例如,第一次全国经济普查的主要内容包括:单位基本属性、从业人员、财务状况、生产经营情况、生产能力、原材料和能源消耗、科技活动情况等。

2)普查时间必须统一

市场普查是对某一时点上的市场总体现象所进行的一次性全面检查,因此,要求普查的时间应该统一,所有的调查资料要反映这一时点的状况,以避免因情况变动而产生重复或遗漏登记的现象。例如,我国第六次人口普查登记的标准时间是2010 年 11 月 1 日零时,第三次全国经济普查的标准时点为 2013 年 12 月 31 日。

3)要求较快地完成普查任务

由于是对某一时点或某一时点之前的市场总体现象进行调查,如果拖的时间过长,调查资料的时效性就要大打折扣,失去实际的意义。

3.1.4 市场普查的特点及适用范围

1)市场普查的特点

①市场普查形式比较规范,通过普查所收集的资料其准确性和标准化程度较高。
②所下结论有较高的概括性和普遍性。
③能够准确地反映调查总体的一般特征。
④普查所涉及的调查项目一般比较少,对资料的深度要求不高。
⑤所花人力、物力和经费较多,耗时也比较长。

2)市场普查的适用范围

普查所收集的资料是表明某一现象在某一时点或某一时期的情况,对资料的准确性和实效性要求高。

由于调查对象包括的调查单位涉及范围广、参与部门多、技术要求高、工作难度大，且耗费大量的人力、物力、财力，一般不轻易采用，应用范围较窄。如商业机构和商业从业人数的调查，企业销售额和利润额的调查，某一种类商品销售量和库存量的调查。

提示 市场普查是对调查对象的全部单位无一例外、逐一地进行全面调查。

3.2 典型调查

3.2.1 典型调查的定义

1）什么是典型调查

典型调查是一种非全面调查，它是从调查对象的总体中，有意识地选择若干个具有代表性的典型单位进行深入、细致地调查。典型调查的关键在于选择典型单位。典型单位就是指有代表性的单位，即在本质与发展规律方面能代表同类事物的单位。

2）典型调查的目的

通过对典型单位的调查，用以认识同类市场现象的本质及其规律性。

3）典型调查的类型

按调查的要求和调查对象的性质不同，选典的方式也不同。一般来说，典型调查有两种类型：

（1）"解剖麻雀"式的调查

如果调查对象中单位差异较小，只需要在总体中选出少数几个典型单位进行调查，达到"解剖麻雀"的目的。

（2）"划类选典"式的调查

如果调查对象各单位差异较大或所要研究的问题比较复杂，首先需要对调查总体进行分类，再从每类中选择若干个典型单位进行调查。

3.2.2　典型调查的实施要点

1）必须正确选择典型单位

典型调查不是随便选取一部分单位进行调查,而是要根据调查的目的,确定有代表性的少数单位。调查的目的不同,所选择的典型单位也不同。

如果是为了总结成功经验,应选择先进单位作为典型;如果为了总结失败教训,就要选择后进单位作典型。

2）需要把调查与分析研究结合起来

通过典型调查收集资料以后,在进行分析研究时,既要有典型事例的说明,又要反映事物的一般情况和发展规律,将两者有机地结合起来。典型调查可以弥补其他调查方法的不足,为数字资料补充丰富的典型情况。在有些情况下,可用典型调查估算总体数字或验证全面调查数字的真实性。

3）要正确使用典型调查的结论

典型调查所得出结论是典型案例的典型情况的反映,并不代表事物的全面情况,故在研究问题时,要客观、公正地评价事物,不能以点概面,以偏概全,掩盖事物发展的真实面貌。

4）注意典型调查的适用范围

进行典型调查的主要目的不在于取得社会经济现象的总体数值,而在于了解与有关数字相关的生动具体情况。虽然选取典型单位不能排除主观性,推断总体只能是近似值,但选取单位数目少,取得资料快,调查效率高,特别适用于了解新情况,解决新问题的调查。

3.2.3　典型调查的特点

①从调查对象中有意识地选取典型单位调查,具有代表性。

②调查少量典型单位,节省人力、物力、财力和时间,可以比较快地得出调查结果和反映市场情况的变动。

③调查内容可以深入、全面、细致地研究市场现象的本质和规律性。

④因为是根据调查者的主观判断来选择典型单位,难以避免主观随意性,所选择的调查对象是否具有代表性很难作出准确判断。

⑤对于调查结论的适用范围,只能根据调查者的经验判断,无法用科学的手段

作出准确测定。

⑥利用典型调查往往难于对市场现象的总体情况进行定量研究。

问题思考 如果我们要运用典型调查方式对本市零售商业进行一次调查,总结销售成功的经验,你认为应该选择哪些商店作为典型?

提示 典型调查的目的是"解剖麻雀",通过对典型单位的调查来认识同类市场现象的本质及其规律性。

3.3 重点调查

3.3.1 重点调查的定义

1)什么是重点调查

重点调查是从调查总体中有意识地选择少数重点单位进行的调查,也是一种非全面调查。重点调查的关键是需要确定重点单位。

2)什么是重点单位

重点单位通常是指在调查总体中具有举足轻重的、能够代表总体的情况、特征和主要发展变化趋势的样本单位。这些单位可能数目不多,但有代表性,能够反映调查对象总体的基本情况。例如,我们要了解近几年我国小轿车的生产销售情况,可以运用重点调查方式对上汽集团、一汽集团、东风集团等几家主要企业进行调查。

问题思考 将重点调查与典型调查相比较,两者有哪些相同点和不同点?

（1）相同点

①都是非全面调查,调查对象面对的不是总体,而是部分。

②都是在调查总体中选择部分单位进行调查。

（2）不同点

①选择调查单位的标准不同。典型调查是选择调查总体中具有代表性的单位,重点调查选择的则是重点单位。

②调查目的不同。典型调查是通过"解剖麻雀",由点到面,找出市场现象的规律性,可以从典型推及一般;重点调查则是通过对重点单位的调查,认识调查总

体的基本情况。

3.3.2　重点调查的实施要点

1)重点单位的确定

选取重点单位,应遵循两个原则:

①根据调查任务的要求和调查对象的基本情况,确定选取的重点单位及数量。一般来讲,要求调查的重点单位应尽可能少,而其标志值在总体中所占的比重应尽可能大,以保证有足够的代表性。

②要注意选取那些管理比较健全、业务力量较强、基础工作较好的单位作为重点单位。

2)调查范围的确定

重点调查既可用于经常性调查,又可用于一次性调查。当调查任务只要求掌握调查对象的基本情况,而总体中部分单位在某项特征又能集中反映所要研究的问题时,进行重点调查比较适宜。

3.3.3　重点调查的特点

①调查的投入少、速度快。

②所反映的主要情况或基本趋势比较准确。

③只能了解调查总体的基本情况,不能推断全部情况。

提示　重点调查是通过对重点单位的调查来反映调查对象总体的基本情况。

3.4　抽样调查

3.4.1　抽样调查的相关概念

1)抽样调查

抽样调查,是从调查总体中,遵循随机原则抽取一部分单位作为样本进行调查,并用样本的结果推断总体情况的调查方式。抽样调查是一种非全面调查。

全国1%人口抽样调查

我国是世界第一人口大国,人口问题始终是一个关系经济社会发展全局的重要问题。党中央、国务院对人口统计工作高度重视,新中国成立56年来,我国已先后开展了六次全国人口普查。从20世纪80年代起,为了及时掌握人口变动情况,国务院决定在每两次人口普查中间,进行一次1%人口抽样调查。经国务院批准,我国于2005年底开展了全国1%人口抽样调查工作。这次调查以全国为总体,以各省、自治区、直辖市为次总体,采取分层、多阶段、整群概率比例的抽样方法,最终样本单位为调查小区。这次调查的样本量为1 705万人,占全国总人口的1.31%。在国务院和地方各级人民政府的统一领导下,通过调查工作人员的艰苦努力,调查的各项任务已基本完成。

思考:1.案例中运用了怎样的调查方式?

2.如何在全国近13亿人口中抽取1%的人口进行调查?

要全面理解和把握抽样调查,需要明确样本、抽样等相关概念。

2)样本

样本是从调查总体中抽取的一部分代表,是总体中的一部分,这一部分代表就称为样本。

3)抽样

抽样是抽取样本的过程。如何抽取样本是抽样调查的关键。

4)抽样框

抽样框又称抽样范围,是用来代表总体,从中抽选样本的一个框架,其具体表现形式包括总体全部单位的名册、地图等。例如,我们要对本校同学的学习和思想情况进行调查,这时的抽样框就是本校全体同学的花名册。

准确、完备的抽样框是开展抽样调查的前提条件。

5)随机原则

随机原则是指在抽样过程中,样本单位的抽取不受主观因素的影响,从而保证调查总体中的每一个体都有一定被抽中的概率。

随机原则是抽样调查中随机抽样必须遵循的基本原则,因为只有坚持随机原则,才能保证抽样调查的科学性,保证样本对总体的代表性,才能排除主观因素等非随机因素对抽样调查的影响。

6)抽样误差

抽样误差是指样本指标值与被推断的总体指标值之间的差额。

在抽样调查中,通常以样本作出估计值对总体的某个特征进行估计,当两者不一致时,就会产生误差。因为由样本作出的估计值是随着抽选样本的不同而变化,即使调查样本完全正确,它和总体指标之间往往也存在差异,这种差异纯粹是抽样引起的,故称之为抽样误差。

💡**提示** 抽样调查一般要遵循随机原则,用样本结果推断总体情况。

3.4.2 抽样调查的特点及适用条件

1)抽样调查的特点

①遵循随机原则抽样,抽取的样本具有客观性。
②抽样调查会产生抽样误差,而抽样误差可以事先计算和控制。
③在控制抽样误差的前提下,可以根据样本资料比较准确地推断总体。

2)适用条件

抽样调查节省人力、物力,减少调查时间,调查效果好,故在市场调查中主要采取抽样调查方式。

抽样调查适用于具有消耗性和破坏性的产品质量检查,适用于补充和修正全面调查的资料和不必要也不可能进行全面调查又需要全面资料的调查。

3.4.3 抽样调查的程序

运行抽样调查的关键是如何确定调查的样本。样本的代表性如何,能否用样本的指标值推断总体的指标值,直接影响着抽样调查的质量。要提高调查的质量和效果,在抽样调查执行过程中,需要遵循一定的程序。

1)确定调查的总体

调查总体就是根据调查目的的要求确定调查对象的范围,总体范围是抽样的基础,总体范围明确才能考虑样本与总体的比例。

2) 设计和抽取样本

设计和抽取样本需要考虑两个问题:确定样本规模的大小和选择具体的抽样方法。

样本规模就是所要抽取样本应包括的单位数以及调查的性质。目的不同样本的规模也不一样。具体抽样方法的选择不同,所确定的样本也不一样。

3) 收集样本资料,评估样本指标

即检查样本对于总体的代表性如何,如果极限误差小于或等于允许误差,其样本符合要求。

4) 实施调查

通过实际的市场调查活动,对调查资料进行审核、整理和分析,用样本指标推断调查总体指标,得出调查结论。

3.4.4 抽样调查的基本抽样方法

抽取样本的方法包括两大类:随机抽样和非随机抽样。

1) 随机抽样

随机抽样,又称概率抽样,就是依据概率理论,遵循随机原则选择样本,完全不带调查者的主观意识。

随机抽样包括的具体方法有:简单随机抽样、等距抽样、分层抽样、整群抽样和多阶段随机抽样。

2) 非随机抽样

非随机抽样,又称非概率抽样或立意抽样,是指在抽样中不将随机性作为抽样原则,而是根据市场调查研究任务的要求和对调查对象的分析,调查者主观地、有意识地在调查总体中抽取样本。

 问题思考 为什么在抽取样本时不遵循随机原则?

①在市场调查中,存在调查的总体边界不清,外延无法具体确定。

②由于随机抽样对操作过程要求严格,在市场调查的许多方面是不太适用的。例如,我们要对武汉市消费者购买手机的情况进行调查,如何确定调查的总体范围、应该调查哪些消费者是无法强调机会均等的,随机抽样的具体方法不太适用。

③如果只是对问题作初步探索,也可以采取非随机抽样方式。非随机抽样包括的具体方法有:偶遇抽样、主观抽样、定额抽样和滚雪球抽样等。

3.4.5 随机抽样方法的运用

问题1 我们准备从本校 2 000 名同学中抽取 300 名同学作为样本进行调查。请大家思考:如何运用随机抽样的具体方法抽取这 300 名同学?

1)简单随机抽样

(1)定义

简单随机抽样是指在抽取样本时,不进行任何分组、排列,排除任何有目的的选择,总体中任何个体都有同样的机会。简单随机抽样是最基本的随机抽样方式,其他方式都是简单随机抽样的派生。

(2)特点

简单随机抽样是随机抽样方式中的理想类型,应用简单、易行。当调查总体数量很大时,工作繁杂、费时、费钱;当总体单位差异较大时,难以保证样本的可靠程度和准确程度;抽取的样本在总体中分布会很不均匀,会过于集中或过于分散。

简单随机抽样包括的具体方式有:抽签法、随机数表法和直接抽取法。

(3)如何运用抽签法抽取样本

抽签法,又称为抓阄法,是把总体中的每一个个体都编上号并做成签,充分混合后从中随机抽取一部分,这部分签所对应的个体就组成一个样本。操作步骤如下:

①根据调查总体数做成数量与外形相同的小纸片(签),其中将所要抽取样本数量的签写"中"字。

②将所有的小纸片(签)掺和均匀。

③每个人按随机原则有秩序地进行抽签。

④将被抽中签的人进行登记,作为调查样本。

针对调查总体的数量太大,不适合用抽签、抓阄等方法来抽样,一般用随机数字进行。这两种方法都是针对有限总体的,在实际中的无限总体可以采用后面将要介绍的一些方法来抽样。

(4)如何运用随机数表法抽取样本

随机数表法,是利用事先编制的号码表,随机抽取数字作为样本的方法,是最常用的一种随机抽样法。

随机号码表:它是将 0~9 的 10 个自然数,按编码位数的要求(如两位数一组或四位数一组),利用特制的摇码器(或计算机),自动逐个地提出一定数目的号码编码成表,以备查用。

现从《随机号码表》中选出下列数字:

7029	1712	1340	3320	3826	1389	5403	7417
7637	4304	2490	2662	1837	3596	8350	8775
9712	2593	7470	3324	0354	1468	1597	2264
1949	5722	7788	4295	4772	1664	3616	0004
4318	6679	1608	1504	7233	2714	3409	4559
3468	4912	7207	3445	2116	9332	4350	2789
8719	2015	3700	4952	8566	6041	0324	6246
2133	3200	1234	9861	1333	3231	2354	1543

操作步骤:

①把调查总体每一单位进行编号。

②根据编号的最大数(即总体单位数)确定使用随机数表中的若干列。

③从任意列的第一个数字开始数起,遇到属于编号范围内的号码就定为样本单位。

④抽够所要调查的样本数为止。

(5)如何运用直接抽取法抽取样本

就是从调查总体中直接、随机抽取样本进行调查;如对某一仓库的啤酒抽取样本进行质量检验。适用于对集中于某一空间的总体进行抽样。

2)等距抽样

(1)定义

等距抽样,又称系统抽样或机械抽样,是将总体中各单位按一定标志排列,然后按照固定顺序和一定间隔抽取样本的方式。它是简单随机抽样的一个变种。

(2)操作步骤

①将总体中的所有个体按一定的顺序进行排列,一般是按从小到大的顺序,从1 开始,1,2,3,4,5,6……依次进行排列。

②计算抽样距离(K)。

计算公式:

$$抽样距离(K) = \frac{总体所含个体数目(N)}{样本所含个体数目(n)}$$

③在第一个 K 的所有个体中,用简单随机抽样法抽取一个个体,作为 R。

④自 R 开始,每隔 K 个个体抽取一个个体作为样本,依次抽出的序号为 $R,R+K,R+2K,\cdots,R+(n-1)K$,直到抽出所需要的样本数。

问题2 我们准备从本校 2 000 名同学中抽取 300 名同学作为样本进行调查。如何运用等距抽样方法确定抽样距离,抽取这 300 名同学?

(3)应注意的问题

①总体中所有个体需要按随机原则进行编号。

②需要认真、仔细地分析总体的排列状况和抽样距离。

(4)特点及适用范围

①特点。容易实施,工作量小。抽取的样本在总体中分布更均匀,抽样误差比简单随机抽样小。

②适用范围。适用于同质性较高的总体。当总体内个体类别之间的异质性较高时,不适合等距抽样。

3)分层抽样

(1)定义

分层抽样,又称为分类抽样或类型抽样,是将总体各单位先按一定标志分层,然后在各层中遵循随机原则和按一定比例抽取样本数,并组成总体样本。

分层标志包括:性别、年龄、职业、收入状态、年龄加性别等。

(2)操作步骤

①将总体按一定标志进行分层。

②根据各类单位数占总体单位数的比重,确定从各类型中抽取样本单位的数量。

③按随机原则从各类中抽取样本数,组成总体样本。

问题3 我们准备从本校 2 000 名同学中抽取 300 名同学作为样本进行调查。如何运用分层抽样方法确定不同层次,抽取这 300 名同学?

(3)要注意的问题

①分类方法要科学。

②分类标志的选择要恰当。

③分类要符合总体的实际情况。

④分类必须依据互斥性和完备性原则。互斥性,即每一个体单位只能归属于

一种类型中,保证每一个体单位在分类中不重复出现。完备性,即每一个体单位必须归属于某一种类型,不存在哪一类都不属于的情况。

(4)特点及适用范围

①特点。当一个总体内部类型明显时,分层抽样能够克服简单随机抽样和等距抽样产生的偏差。其优点是:可以提高用样本指标推断总体指标的精确度,有利于了解总体各类型的情况。

②适用范围。适用于总体单位数量较大、总体内部类别比较明显的市场调查对象。例如,对某一地区的学生进行抽样,而学校有重点中学和一般中学之分,而且显然重点中学要少一些,因此,按简单随机抽样所得到的一个具体样本可能使重点中学与一般中学之间的比例失衡,甚至没有一个重点中学的学生被选中。简单随机抽样从理论上说是最符合随机性原则的,但是这种方法在实际应用时,存在着一些不足。首先,对大总体进行编号是相当困难的;其次,由于完全采用随机性,实际抽取的那一个样本可能不具备总体本应该有的一些特性,对于这种本身有一定分类特性的总体,可以采用分层抽样。

4)整群抽样

(1)定义

整群抽样,就是依据总体存在的特征,将总体划分为若干群,以群为抽样单位,按随机原则抽取一定样本数,并组成总体样本的抽样方式。

(2)操作步骤

①将总体按照某种标准划分为一些子群体,每一子群体作为一个抽样单位。

②用其他随机抽样方法从中抽出若干子群体。

③将抽出的子群体所有个体合在一起作为总体样本进行调查。

问题4 我们准备从本校2 000名同学中抽取300名同学作为样本进行调查。如何运用整群抽样方法抽取这300名同学?

比一比:整群抽样与分层抽样有什么不同?

①整群抽样的分群标准与分层抽样的分层标准不同。

②分层抽样是层与层之间的异质性高,而每一层内的同质性高。

③整群抽样是群与群之间同质性高,而每一群内异质性高。

5）多阶段随机抽样

（1）定义

多阶段随机抽样，是将从调查总体中抽取样本的过程分成两个或两个以上的阶段进行随机抽样的方法。一般在总体层次比较多或层次内单位数目比较多时，就可以采用多阶段随机抽样。

案例回顾

全国1%人口抽样调查

经国务院批准，我国于2005年底开展了全国1%人口抽样调查工作。这次调查以全国为总体，以各省、自治区、直辖市为次总体，采取分层、多阶段、整群概率比例的抽样方法，最终样本单位为调查小区。这次调查的样本量为1 705万人，占全国总人口的1.31%。在国务院和地方各级人民政府的统一领导下，通过调查工作人员的艰苦努力，调查的各项任务已基本完成。

问题：案例中是否运用了多阶段随机抽样？是从哪些方面体现出来的？

（2）操作步骤

①将调查总体各个单位按一定标志分成若干集体，依照随机原则抽出若干单位作为第一级样本。上例中以城市为单位进行第一级抽样，假如抽中武汉市。

②将第一级单位再分成若干小集体作为第二级单位，依照随机原则抽出若干单位作为第二级单位。例如，在武汉市以居委会为单位，抽出一部分街道作为第二级样本，如西马街、汉兴街等。

③将第二级单位再分成若干小集体作为第三级单位，依照随机原则抽出若干小单位作为第三级样本。

以此类推，如在抽出的居委会中再以家庭为单位，抽出一部分家庭作为第三级样本，即调查的样本进行调查。

适用范围：适用于调查范围大、单位多、情况复杂的调查对象。

3.4.6 非随机抽样方法的运用

问题5 我们准备从本校2 000名同学中抽取300名同学作为样本进行调查。请同学们思考，如何运用非随机抽样的具体方法抽取这300名同学？

非随机抽样包括的具体方法有:偶遇抽样、主观抽样、定额抽样和滚雪球抽样等。

1)偶遇抽样

(1)定义

偶遇抽样,也称任意抽样或方便抽样,是指调查者把在一定时间、一定环境中所遇见的人作为调查对象选入样本。

(2)形式

通常采用街头拦截的形式,在市场调查中经常要用到这一方式。

(3)特点

方便、省力。样本的代表性差,有很大的偶然性,调查过程会对被调查者造成不愉快的感受,一般将那些自愿被调查者作为样本。

2)主观抽样

主观抽样包括两层含义:第一,主观判断的意思,调查人员依据主观判断选取可以代表总体的个体作为样本;第二,有目的地选择样本,例如,在问卷设计阶段,为检验问题设计是否合理、得当,常常有意识地选择观点差异悬殊的人作为调查对象。

3)定额抽样

(1)定义

定额抽样,又称配额抽样,是按调查对象的某种属性或特征将总体中所有个体分成若干类或层,然后在各层中任意(主观)抽样。如按不同的性别、年龄或受教育水平的人在总体中各占多大的比例,确定一定的数额。

(2)定额抽样与分层抽样的区别

①相同点。都要对调查总体进行分层或分类。

②不同点。分层抽样是随机抽样中的具体方法,各层中的样本数是按随机原则抽取的;定额抽样是非随机抽样中的具体方法,各层中的样本数是主观确定的。

4)滚雪球抽样

(1)定义

滚雪球抽样,就是从几个合适的样本开始,然后通过它们得到更多的样本,这样一步步地扩大样本范围的抽样方法。例如,我们要了解市场上造假商品的来源或生产过程,一开始因为缺乏对总体信息的了解而无法抽样,一般可以先通过各种办法,找到几个经营者或造假者进行调查,并让他们提供其认识的相关人员。以此类推,像滚雪球一样越滚越大。

(2)适用条件

对调查总体的个体信息了解不充分时常采用滚雪球抽样的方法。

结合问题5,请同学们说出非随机抽样方法的运用。

非随机抽样的特点:抽样方法操作方便,省时省力;使用得当,能够对市场调查对象总体有较好的了解;不能使总体每一个单位都有同等被抽取的可能;不能排除调查者主观因素的影响;用这样的样本推断总体指标缺乏依据,需要慎重,否则就会出现以偏概全的现象。

3.5 确定调查样本的大小

3.5.1 为什么要确定调查样本的大小

1)什么是调查样本的大小

样本大小,又称样本容量,是指样本所含个体数量的多少,也就是确定在每一次的调查活动中要调查多少对象。

2)为什么要确定调查样本的大小

在市场调查活动中,所确定的调查样本既不能太小,又不能太大,因为:

①样本的大小影响其自身的代表性,样本太小会降低调查的质量和效果。

②样本大小与抽样误差密切相关,样本越小,与总体差异越大,抽样误差也就越大。

③样本的大小也影响到调查费用和人力的投入,样本太大会增加调查的工作量,浪费人力、财力、物力。选择合适的样本是非常必要的。

3.5.2 如何确定调查样本的大小

1)确定样本大小要考虑的因素

①根据市场调研的目的来确定。市场调查研究的目的不同,调查样本的大小不一样。

②根据调查总体的规模来确定。调查总体的规模越大,需要调查的样本数量也

就应该越多,但也不是无限量地增多。美国一些机构经常在全国范围进行民意调查,了解老百姓对政府的看法和态度,但所确定的样本规模也就在 2 000~3 000。

③根据调查总体内部的异质程度来确定。如果调查总体内部的异质程度较小,调查的样本数量可以相对少一些;如果调查总体内部的异质程度越大,调查的样本就应该越多。

2)确定调查样本大小的数量界限

统计学中,将容量少于或等于 30 个个体的样本称为小样本,大于或等于 50 个个体的样本称为大样本。

在市场调查中,一般是抽取大样本。调查样本数在 50~5 000 个。

在一般市场调查中,不要求有很高的精确度,调查人员可凭经验确定样本数目的大致范围(见表 3.1)。

表 3.1　经验确定样本数的范围

总体规模	样本占总体的比重
100 人以下	50%
100~1 000 人	20%~50%
1 000~5 000 人	10%~30%
5 000~10 000 人	3%~15%
10 000~100 000 人	1%~5%
100 000 人以上	1%以下

【做一做】

一、实训活动

项目:确定调查样本

◎ 目的

熟练掌握调查样本的确定,特别是在调查对象广泛而复杂的情况下,用抽样调查方式抽取调查样本数。

◎ 要求

根据老师布置的调查课题、调查范围和规模的大小,采取抽样调查方式确定调查样本数,作为实际的调查对象。

◎ 程序

1.根据调查的目的和内容的需要确定调查对象及其范围。

2.确定样本单位数目的大小。

3.选择具体的抽样方法。抽样方法包括随机抽样和非随机抽样。随机抽样包括:简单随机抽样、等距抽样、分层抽样、整群抽样和多阶段抽样等;非随机抽样中有偶遇抽样、主观抽样、定额抽样和滚雪球抽样等。

4.抽取实际的样本单位,作为今后所要调查的具体对象。

二、经典案例阅读

案例 1

第六次全国人口普查基本信息

国务院新闻办 2011 年 4 月 28 日举行新闻发布会,请国务院第六次全国人口普查领导小组副组长、国家统计局局长马建堂发布 2010 年第六次全国人口普查主要数据公报。

一、总人口:全国总人口为 1 370 536 875 人。其中:普查登记的中国内地 31 个省、自治区、直辖市和现役军人的人口共 1 339 724 852 人。香港特别行政区人口为 7 097 600 人。澳门特别行政区人口为 552 300 人。台湾地区人口为 23 162 123 人。

二、人口增长:中国内地 31 个省、自治区、直辖市和现役军人的人口,同第五次全国人口普查 2000 年 11 月 1 日零时的 1 265 825 048 人相比,十年共增加 73 899 804 人,增长 5.84%,年平均增长率为 0.57%。

三、家庭户人口:中国内地 31 个省、自治区、直辖市一共有家庭户 401 517 330 户,家庭户人口为 1 244 608 395 人,平均每个家庭户的人口为 3.10 人,比 2000 年第五次全国人口普查的 3.44 人减少 0.34 人。

四、性别构成:中国内地 31 个省、自治区、直辖市和现役军人的人口中,男性人口为 686 852 572 人,占 51.27%;女性人口为 652 872 280 人,占 48.73%。总人口性别比(以女性为 100,男性对女性的比例)由 2000 年第五次全国人口普查的 106.74 下降为 105.20。

五、年龄构成:中国内地 31 个省、自治区、直辖市和现役军人的人口中,0~14 岁人口为 222 459 737 人,占 16.60%;15~59 岁人口为 939 616 410 人,占 70.14%;

60 岁及以上人口为 177 648 705 人,占 13.26%,其中 65 岁及以上人口为 118 831 709 人,占 8.87%。同 2000 年第五次全国人口普查相比,0~14 岁人口的比重下降 6.29 个百分点,15~59 岁人口的比重上升 3.36 个百分点,60 岁及以上人口的比重上升 2.93 个百分点,65 岁及以上人口的比重上升 1.91 个百分点。

六、民族构成:中国内地 31 个省、自治区、直辖市和现役军人的人口中,汉族人口为 1 225 932 641 人,占 91.51%;各少数民族人口为 113 792 211 人,占 8.49%。同 2000 年第五次全国人口普查相比,汉族人口增加 66 537 177 人,增长 5.74%;各少数民族人口增加 7 362 627 人,增长 6.92%。

七、各种受教育程度人口:中国内地 31 个省、自治区、直辖市和现役军人的人口中,具有大学(指大专以上)文化程度的人口为 119 636 790 人;具有高中(含中专)文化程度的人口为 187 985 979 人;具有初中文化程度的人口为 519 656 445 人;具有小学文化程度的人口为 358 764 003 人(以上各种受教育程度的人包括各类学校的毕业生、肄业生和在校生)。

同 2000 年第五次全国人口普查相比,每 10 万人中具有大学文化程度的由 3 611 人上升为 8 930 人;具有高中文化程度的由 11 146 人上升为 14 032 人;具有初中文化程度的由 33 961 人上升为 38 788 人;具有小学文化程度的由 35 701 人下降为 26 779 人。

中国内地 31 个省、自治区、直辖市和现役军人的人口中,文盲人口(15 岁及以上不识字的人)为 54 656 573 人,同 2000 年第五次全国人口普查相比,文盲人口减少 30 413 094 人,文盲率由 6.72%下降为 4.08%,下降 2.64 个百分点。

八、城乡人口:中国内地 31 个省、自治区、直辖市和现役军人的人口中,居住在城镇的人口为 665 575 306 人,占 49.68%;居住在乡村的人口为 674 149 546 人,占 50.32%。同 2000 年第五次全国人口普查相比,城镇人口增加 207 137 093 人,乡村人口减少 133 237 289 人,城镇人口比重上升 13.46 个百分点。

九、人口的流动:中国内地 31 个省、自治区、直辖市的人口中,居住地与户口登记地所在的乡镇街道不一致且离开户口登记地半年以上的人口为 261 386 075 人,其中市辖区内人户分离的人口为 39 959 423 人,不包括市辖区内人户分离的人口为 221 426 652 人。同 2000 年第五次全国人口普查相比,居住地与户口登记地所在的乡镇街道不一致且离开户口登记地半年以上的人口增加 116 995 327 人,增长 81.03%。

十、登记误差:普查登记结束后,全国统一随机抽取 402 个普查小区进行了事后质量抽样调查。抽查结果显示,人口漏登率为 0.12%。

案例2

人口普查知识问答

问题1：我们国家人口普查依据什么来组织进行？

依据2010年5月12日国务院常务会议通过，自2010年6月1日起施行的《全国人口普查条例》。

问题2：《全国人口普查条例》包括哪些主要内容？

《全国人口普查条例》（以下简称《条例》）一共有六章四十一条。

第一章是总则，对人口普查的总体原则和基本制度作出了规定。

第二章是关于人口普查的对象、内容和方法，对人口普查对象、普查内容、登记方法和分类标准等作出了规定。

第三章是关于人口普查的组织实施，对人口普查的各个工作环节、普查对象的权利和义务等作出了规定。

第四章是关于人口普查资料的管理和公布，对人口普查数据的处理、发布、管理和开发应用等作出了规定。

第五章是关于法律责任，对人口普查中各行为主体的违法行为及其法律责任作出了规定。

第六章是附则，对特定人群、特定区域的人口普查，港澳台地区人口数据来源等作出了规定。

问题3：人口普查的组织实施原则是什么？

人口普查工作按照"全国统一领导，部门分工协作，地方分级负责，各方共同参与"的原则组织实施。这一原则，是在立足于我国国情，系统总结以往我国历次普查的组织工作经验基础上确定的，是组织实施人口普查工作应当遵循的基本原则。

"全国统一领导"，是指国务院统一领导全国人口普查工作，研究决定人口普查中的重大问题。地方各级人民政府要按照国务院的统一规定和要求，领导本行政区域的人口普查工作。

"部门分工协作"，是指在人口普查工作期间，各级人民政府设立由统计机构和有关部门组成的人口普查机构（以下简称普查机构），各部门要按照确定的职责分工和工作方式，履行职责，相互支持，做好人口普查的相关工作。

"地方分级负责"，是指地方各级政府要按照全国统一的工作部署和要求，认真做好本地区人口普查组织实施工作，村民委员会、居民委员会应当协助所在地人民政府动员和组织社会力量，做好本区域的人口普查工作。

"各方共同参与"，是指国家机关、社会团体、企业事业单位应当按照《中华人民共和国统计法》和《全国人口普查条例》的规定,积极参与并配合人口普查工作。

问题4:人口普查员有哪些权利和义务?

人口普查员在普查中有权就与人口普查项目有关的问题询问普查对象,有权要求普查对象如实提供有关情况和信息。人口普查员不得伪造、篡改人口普查资料,不得以任何方式要求任何单位和个人提供虚假的普查资料。人口普查员在执行人口普查任务时,应当主动出示普查证件,并对在人口普查中所知悉的单个普查对象的资料或家庭情况,依法履行保密义务。

问题5:对人口普查中的违法行为如何处理?

《条例》对人口普查中三类主体的违法行为及其法律责任作出了明确规定:一是地方、部门、单位的负责人自行修改人口普查资料、编造虚假人口普查数据的,要求有关单位和个人伪造、篡改人口普查资料的,不按照国家有关规定保存、销毁人口普查资料的,违法公布人口普查资料的,对依法履行职责或者拒绝、抵制人口普查违法行为的普查人员打击报复的,以及对本地方、本部门、本单位发生的严重人口普查违法行为失察的,由任免机关或者监察机关依法给予处分,并由县级以上人民政府统计机构予以通报;构成犯罪的,依法追究刑事责任。二是人口普查机构不执行普查方案的,伪造、篡改人口普查资料的,要求人口普查对象提供不真实的人口普查资料的,未按照普查方案的规定报送人口普查资料的,违反国家有关规定造成人口普查资料毁损、灭失的,泄露或者向他人提供能够识别或者推断单个普查对象身份的资料的,由本级人民政府或者上级人民政府统计机构责令改正,予以通报。对直接负责的主管人员和其他直接责任人员,由任免机关或者监察机关依法给予处分。对有上述违法行为之一的普查人员,责令其停止执行人口普查任务,予以通报,依法给予处分。三是人口普查对象拒绝提供人口普查所需的资料,或者提供不真实、不完整的人口普查资料的,由县级以上人民政府统计机构责令改正,予以批评教育。人口普查对象阻碍普查机构和普查人员依法开展人口普查工作,构成违反治安管理行为的,由公安机关依法给予处罚。

【任务回顾】

市场调查方式是解决市场调查活动中"向谁调查"和"向多少人进行调查"的问题。

常用的调查方式有:市场普查、典型调查、重点调查和抽样调查,而抽样调查的运用更为普遍。

不同的调查方式,所确定的调查对象是不一样的,需要重点掌握各自的实施要点。

抽样调查是依据概率理论,按照随机原则选择样本,完全不带调查者的主观意识;具体抽取样本单位的方法有多种,在实际运用中要认真地选择。

一次调查活动样本确定多少,直接影响调查的结论,需要考虑各方面因素确定合适的调查样本。

【关键词汇】

1.市场普查

市场普查,就是专门组织的对市场调查对象总体中的全部单位无一例外、逐一地进行的全面调查。

2.典型调查

典型调查,是一种非全面调查,它是从调查对象的总体中,有意识地选择若干个具有代表性的典型单位进行深入、细致地调查。

3.重点调查

重点调查,是从调查总体中有意识地选择少数重点单位进行的调查,也是一种非全面调查。

4.抽样调查

抽样调查,是从调查总体中,按随机原则抽取一部分单位作为样本进行调查,并用样本的结果推断总体的调查方式。

5.样本

样本,是从调查总体中抽取的一部分代表,是总体中的一部分,这一部分代表就称为样本。

6.随机原则

随机原则是指在抽样过程中,样本单位的抽取不受任何主观因素的影响,从而保证调查总体中的每一个体都有一定被抽中的概率。

【任务检测】

一、单项选择题

1.在市场调查活动中,市场调查方式主要解决的问题是( )。

  A.调查什么 B.向谁调查

  C.怎样调查 D.调查以后做什么

2.市场普查的对象是(　　　)。

　　A.全部单位　　　　　　　　　　B.有代表性的单位

　　C.重点单位　　　　　　　　　　D.样本单位

3.重点调查的对象是(　　　)。

　　A.全部单位　　　　　　　　　　B.有代表性的单位

　　C.重点单位　　　　　　　　　　D.样本单位

4.典型调查的对象是(　　　)。

　　A.全部单位　　　　　　　　　　B.有代表性的单位

　　C.重点单位　　　　　　　　　　D.样本单位

5.抽样调查的对象是(　　　)。

　　A.全部单位　　　　　　　　　　B.有代表性的单位

　　C.重点单位　　　　　　　　　　D.样本单位

二、多项选择题

1.市场调查的常用方式有(　　　)。

　　A.抽样调查　　　　　　　　　　B.重点调查

　　C.典型调查　　　　　　　　　　D.市场普查

2.随机抽样包括的具体方法有(　　　)。

　　A.简单随机抽样　　　　　　　　B.等距抽样

　　C.分层抽样　　　　　　　　　　D.整群抽样

3.非随机抽样包括的具体方法有(　　　)。

　　A.偶遇抽样　　　　　　　　　　B.主观抽样

　　C.定额抽样　　　　　　　　　　D.滚雪球抽样

三、判断题

1.由于市场普查形式比较规范,通过普查所收集的资料准确性和标准化程度较高,因此,在市场调查中许多方面更适合普查形式。　　　　　　　　(　　　)

2.典型调查是一种全面调查,它是从调查对象的总体中,有意识地选择若干个具有代表性的典型单位进行深入、细致地调查。　　　　　　　　　　(　　　)

3.典型调查和重点调查都是非全面调查,调查对象面对的不是总体,而是部分。

　　　　　　　　　　　　　　　　　　　　　　　　　　　　(　　　)

4.抽样调查是在调查总体中抽取一部分单位作为样本进行调查,并用样本的结果推断总体的调查方式。　　　　　　　　　　　　　　　　　　(　　　)

【导学语】

你知道什么是直接调查吗？我们将运用哪些具体的方法到实地进行调查？

【学一学】

直接调查,顾名思义,就是市场调查人员直接到实地或现场进行调查,以取得第一手信息资料。直接调查的基本方法有:问卷法、访问法、观察法和实验法等。

4.1 如何运用问卷法调查

案例导入

中国联通网上商城客户消费情况调查问卷

尊敬的用户:

您好！感谢您抽出宝贵的时间来完成这份关于电信服务的调查问卷。此次调查的目的是为了了解客户对中国联通网上营业厅的一些意见与建议,我们竭诚为您提供更优质、贴心的服务。本问卷采取不记名的方式,调查结果对您没有任何负面影响,希望您能认真、如实地填写,以便我们能够顺利完成调查。非常感谢您的参与！

一、用户基本信息(请根据自身情况,在以下各选项打钩)

1.您的性别是:

□ 男

□ 女

2.您的年龄是:

□ 小于15岁

☐ 15~25 岁

☐ 26~34 岁

☐ 35~54 岁

☐ 55~65 岁

☐ 65 岁以上

3.您的职业是：

☐ 公务员及企、事业管理人员

☐ 公司职员

☐ 普通工人

☐ 专业技术人员

☐ 个体经营者

☐ 自由职业

☐ 学生

☐ 其他

4.您所受教育的程度：

☐ 初中及以下

☐ 高中(或中等职业教育)

☐ 高等职业教育

☐ 大学本科

☐ 研究生

5.您每月的平均收入水平：

☐ 2 000 元以下

☐ 2 001~3 500 元

☐ 3 501~5 000 元

☐ 5 000 元以上

二、调查基本问题(请根据自身情况,在以下各选项前打钩)

1.您选择网上购买手机或者手机号卡的原因？(可多选)

☐ 商品丰富

☐ 价格合理

☐ 服务周到

☐ 赠送流量

☐ 优惠活动

☐ 其他

2.您在选择话费套餐时,最看重下列哪个因素?

　　□ 套餐流量加送 2.4G

　　□ 套餐流量加送 20%

　　□ 套餐月费多省 12%

3.您喜欢通过哪些方式了解我们所售商品的信息?（可多选）

　　□ 仔细询问卖家

　　□ 观察商品图片

　　□ 查看销售记录及销售评价

　　□ 询问购买过该商品的买家

　　□ 阅读商品描述

　　□ 其他因素(请注明)＿＿＿＿＿＿＿＿＿＿＿＿

4.您最喜欢的促销方式是下列哪种?（可多选）

　　□ 免邮费

　　□ 打折

　　□ 积分送礼品

　　□ 赠送优惠券

　　□ 其他(请注明)＿＿＿＿＿＿＿＿＿＿＿＿

5.您觉得中国联通网上购物需要从哪些方面进行改进?

4.1.1　问卷法的定义

1)什么是问卷法

　　问卷法,又称问卷调查法,是调查者根据一定的调查目的和要求,通过事先设计好的调查问卷,进行资料收集的一种方法。问卷法是市场调查中常用的资料收集方法之一。

2)什么是调查问卷

(1)调查问卷

　　调查问卷又称调查表,是为了收集人们对某个特定问题的态度、价值观、观点或信念等信息而设计的一系列问题,它的形式是一份精心设计的问题表格。

问卷的历史可追溯到经验社会调查广泛开展的 19 世纪。20 世纪以后,结构式的问卷越来越多地被用于定量研究,与抽样调查相结合,已成为社会学研究的主要方式之一。

(2)调查问卷的用途

调查问卷是问卷法中必不可少的工具之一,主要用来测量被调查者的一般特征、态度和行为。比如,我们要了解消费者的消费观念、消费行为、经济状况等都可以使用问卷法。

在市场调查中,往往需要通过一定的问卷来收集资料。用问卷收集信息,可同时对许多调查对象进行调查,并在较短的时间内收集到大量的信息,是一种简单易行、经济实用的调查方法。

提示 调查问卷主要用来测量被调查者的一般特征、态度和行为。

4.1.2 问卷法的类型

在实际调查过程中,根据使用方法的不同,问卷可分为两种主要的类型:一种称为自填式问卷;另一种称为访问式问卷或访问调查表。

1)自填式问卷

自填式问卷,是指调查者将设计好的问卷交由被调查者自行填写,然后确定时间回收的一种问卷调查方法,它是目前使用较为广泛的一种问卷调查方法。自填式问卷,可依据发送方式的不同分为发送问卷、邮寄问卷和网络问卷。

(1)发送问卷

由调查人员将问卷送到被调查者手中,回答者填完后,又由调查人员逐一收回的方法。发送问卷的分发方式包括:集中分发和逐一送到被调查者手中或家中。

(2)邮寄问卷

调查者通过邮局将问卷(调查表)寄到被调查者手中,被调查者填完后,仍通过邮局寄回。

提示 被调查者寄回问卷所需的信封、地址及邮票等由调查人员事先准备好,连同问卷一起寄给被调查者。

(3)网络问卷

网络问卷,是通过互联网在自己的网站上设计问卷,由上网者自行填答。网络问卷调查,就是利用网络发布问卷,请问卷阅读者按照规定的要求和时间填答问卷,然后再将问卷提交给调查者。网络问卷调查包括站点问卷调查和电子邮件问卷调查两种方式。

2)访问式问卷

访问式问卷,又称访问调查表,是调查人员在访问过程中,根据被调查者的口头回答自己来填写问卷的方法,包括直接访问问卷和电话访问问卷。

(1)直接访问问卷

直接访问问卷是调查者按照统一设计的问卷向被调查者当面提出问题,然后再由调查者根据被调查者的口头回答来填写问卷。

(2)电话访问问卷

电话访问问卷是调查者通过电话按照统一设计的问卷向被调查者提出问题,然后再由调查者根据被调查者的回答来填写问卷。

随着计算机技术的飞速发展,在传统电话调查的基础上,许多调查公司采用计算机辅助电话进行调查,就是调查者按照电脑显示的问题,通过电话向被调查者读出问题,然后再由调查者根据被调查者的回答将答案输入电脑。

访问问卷一般用在访问调查中,是访问调查和问卷调查的结合。

4.1.3　问卷的基本结构

问题　中国联通网上商城客户消费情况调查问卷由哪几部分构成?

一份正式的调查问卷一般包括4个部分:封面信、指导语、问题与答案、其他资料。

1)封面信

封面信是一封写给被调查者的短信,一般印在问卷或调查表的前面,所以称为封面信。

(1)封面信的作用

①向被调查者介绍和说明调查者的身份、调查的内容、调查的目的、意义等,争取被调查者的支持和配合。

②调查者能否让被调查者接受调查,并使他们认真如实地填写问卷,在很大程度上取决于封面信的质量。

提示　封面信的篇幅宜短不宜长。

（2）封面信的内容

①介绍调查者的身份。

例如：我们是 IBM 公司市场调查人员。

我们是武汉市第一商业学校的学生。

除写清单位或组织外，最好能附上单位的地址、电话号码、邮政编码、联系人姓名等。其目的是体现调查的正式性，消除对方的疑虑。

②说明调查的大致内容和进行这项调查的目的。

提示 对调查内容既不能含糊或不谈，也不能过于详谈。

通常用一句话表达其内容的范围。

例如：我们将对我校市场营销和物流专业学生的基本情况进行一次调查。

提示 调查目的应该说明其实际意义。

例如：通过这次调查便于发现营销和物流专业学生存在的普遍问题，有针对性地进行教育和引导。

③说明调查对象的选取方法和对调查结果的保密措施。

例如：我们采取随机抽取的方式，在全体学生中抽取 50 名同学作为调查对象，您被幸运地抽中。

调查以不记名的方式进行，我们将对您的资料保密。

④信的结尾，一定要真诚地感谢被调查者的合作与帮助。

例如：您所提供的资料对我们非常重要；真诚地感谢您的合作。

⑤如果是一份访问问卷，还应在封面信的下方印上其他有关内容。

例如：

调查时间：_____年_____月_____日

问卷编号：_____

调查员姓名：_____

被访者合作情况：_____

核查员姓名：_____

练习 1：我们准备针对在校同学各方面情况进行一次问卷调查，请先写一封封面信。

练习 2：我们准备对本地居民消费需求情况进行一次问卷调查，请先写一封封面信。

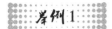

针对新生调查所写的封面信

亲爱的同学,你好!

欢迎就读我校市场营销专业。经过一段时间的学习和生活,想必对我校有了一定的认知和了解。为了更好地满足同学们对所学专业的需求,真正做到因材施教,让你在学校能够健康、快乐地成长,学有所成,今后找到满意的工作,我们特意组织了这次问卷调查。问卷中设计的是开放式问题,答案不受限制,可以充分发表你的看法、意见和建议。请你认真、如实地填写。

你所提供的信息对我们非常重要。非常感谢你的参与和支持。

安卓手机市场开发调查问卷

敬爱的顾客:

您好! 首先感谢您在百忙之中抽空填写我们的调查问卷。

本公司受安卓手机技术开发商所托,进行抽样调查,了解人们对于Android(安卓)系统手机的了解度、信任度和期望度,以确认安卓手机的市场竞争力,预测安卓手机的未来消费前景。诚挚希望得到您的支持和帮助。

本调查表不需填写个人姓名,各种答案没有正确错误之分。您只需根据自己的实际情况在合适的答案上打"√",或在括号里填上适当内容即可。

为了表示感谢,您可以在最后填上您的联系方式(我们承诺保护您的隐私安全),我们会按地址寄上小礼物一份聊表心意,作为这次活动的纪念。

最后,祝您身体健康,阖家幸福。

2)指导语

指导语,又称填表说明,是用来指导被调查者如何填写问卷的一组文字说明。一般标注有"填表说明"或"注意事项"。

(1)指导语的作用

对填表的方法、要求、注意事项等作一个总的说明,方便被调查者更好地回答。

(2)举例说明

①在每个问题后面您认为合适的答案的□中打"√"。

②请在_____处填上适当的内容。

③如无特殊说明,每个问题只能选择一个答案。

④填写问卷时,请不要与别人商量或讨论。

⑤感觉不方便回答的问题可以不作答。

⑥指导语也可以在较复杂的问题后,用括号括起来进行说明。

例如:您感兴趣的课程有哪些?(可选择三个答案)。

您对该课程感兴趣的原因是什么?(请按感兴趣的程度选出三个答案)。

提示 一般而言,在问卷中每一个有可能使回答者不清楚的地方,都要给予一定的指导和说明。

3)问题与答案

问题与答案是调查问卷的主体部分。

(1)问题

思考:一份正式的问卷中应该包括哪些问题?

①从问题的内容上看,包括:有关状态(个人基本情况)的问题,有关意向性(态度、看法)的问题,有关行为方面的问题。

②从问题的表现形式上分,有开放式问题与封闭式问题。

什么是开放式问题? 即不提供具体答案,由回答者自由填答的问题。

例如:您感兴趣的课程是哪些?(从所学的课程中按感兴趣的程度写出三门。)

您对目前市场上手机的价格有什么看法?

您对学生上网聊天是什么态度?

开放式问题的优点:被调查者可以充分发表自己的观点、意见,不受限制,得到的资料比较生动与丰富。

开放式问题的缺点:对对方的知识水平和文字表达能力要求较高;填写问卷所花的时间和精力较多;所得到的答案只能用作定性分析。

什么是封闭式问题? 就是在提出问题的同时,给出若干个答案,要求被调查者选择一个或多个答案作为回答。

例如:您是班团干部吗? □ 是 □ 否

您目前在校的学习情况如何? □ 好 □ 一般 □ 不好

封闭式问题的优缺点正好同开放式问题相反。

封闭式问题的优点:对被调查者的文化水平要求不高;填写问卷所花的时间和精力不多;得到的答案比较统一,适用于定量分析。

封闭式问题的缺点:被调查者发表观点、意见会受到一定限制;所得到的资料过于单调;填答问题中的一些偏误也难以发现。

(2)答案

答案是封闭式问题的重要组成部分。答案设计的好坏直接影响到调查的成功与否,答案设计要具有穷尽性和互斥性。

①穷尽性:是指答案应包括所有可能的情况。

例如,您现在的年龄: □ 16 岁 　□ 17 岁 　□ 18 岁(分析一下有什么错误?)

②互斥性:是指答案之间不能相互重叠或相互包含。

例如,您现在的年龄: □ 16 岁以下 　　□ 16~17 岁 　　□ 17~18 岁

　　　　　　　　　　□ 18 岁以上(分析一下有什么错误?)

4)其他资料

包括问卷的名称、编号、问题的编码、问卷发放和回收的日期、调查员、审核员姓名、被调查者住址等内容。

①问卷名称:设计一份问卷首先要弄清设计主题,是针对调查什么内容所设计的问卷。问卷名称是对调查主题的高度概括。

例如:小灵通电话市场调查问卷,对我校在校学生学习情况的调查问卷等。

②编码:就是为了将被调查者的回答转换成数字,以便输入计算机进行处理和定量分析,给予每一个问题及其答案一个数字作为它的代码。

编码既可以在问卷设计的同时就设计好,也可以等调查工作完成以后再进行。前者称为预编码,后者称为后编码。在实际调查中,常采用预编码。

编码一般应用于大规模的问卷调查中。因为在大规模问卷调查中,调查资料的统计汇总工作十分繁重,借助于编码技术和计算机,则可大大简化这一工作。

③其他资料:包括访问员姓名、访问日期、审核员姓名、被调查者住址、问卷发放和回收日期等有关资料。

4.1.4　问卷设计的原则与步骤

 问题 　您认为怎样才是一份好的问卷?

一份好问卷的基本要求:

第一,将所要调查的内容变成一组被调查者能够并愿意回答的问题。

第二,有利于获得对方的注意与合作。

第三,便于编码、录入与分析。

第四,能尽量减少调查成本与误差。

1)问卷设计的基本原则

①为被调查者着想:方便、易懂、易填、有趣。
②紧扣主题:避免问无关的问题,注意调查质量。
③结构合理:层次清楚,逻辑性强,避免大的跳跃。
④统筹考虑:充分考虑填写、编码、录入和分析等各相关因素。

2)设计问卷应遵循的步骤

(1)进行探索性工作

①摸底,熟悉和了解被调查者的一些基本情况。
②避免问卷中出现含糊不清的问题和不符合实际的答案。

(2)设计问卷的初稿

有两种设计方法:卡片法和框图法。

①如何运用卡片法设计问卷? 操作步骤如下:
第一步,把每个问题和答案写在一张卡片上。
第二步,根据卡片的内容分成若干类。
第三步,在每一类中,按合适的询问顺序将卡片排序。
第四步,根据问卷整体的逻辑结构排出各类别的前后顺序,使卡片形成整体。
第五步,对不当之处进行调整和补充。
第六步,把调整的卡片依次写在纸上,形成问卷初稿。

②如何运用框图法设计问卷? 操作步骤如下:
第一步,根据所要调查的内容,在纸上画出问卷各个部分及前后顺序的框图。
第二步,具体写出每一部分中的问题及答案,并安排好这些问题相互之间的顺序。
第三步,根据回答者阅读和填答问卷是否方便,对所有问题进行检查、调整和补充。
第四步,将调整的结果重新抄在另一张纸上,形成正式的问卷。

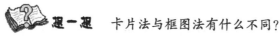 **想一想** 卡片法与框图法有什么不同?

卡片法:先设计具体问题,再设计每一部分,最后设计整体结构。
框图法:先设计总体结构,再设计各个部分,最后设计具体问题。

(3)试用和修改

把设计好的问卷初稿用于一次试调查,任何问卷都要经过若干次修改,在试调查中需要检查和分析下列问题:

①回收率。即回收问卷所占的比率。如果回收率在60%以下,说明问卷设计存在较大问题。

②有效回收率。即扣除各种废卷后的回收率。收回的废卷越多,意味着问卷初稿中的毛病可能越多。

③填写错误。包括答非所问和填答方式的错误。

④填答不全。某些问题普遍未做回答,或从某个问题开始,后面的问题都未做回答。

4.1.5　问题如何设计

提示　问题设计是整个问卷设计中最重要的部分,一份好的问卷,首先看您设计的问题能不能够吸引人,使人有兴趣填答。

问题设计包括开放式问题的设计和封闭式问题的设计。

1)开放式问题的设计

①开放式问题的设计只提出问题,不列出答案。

②在问卷设计时,提出问题后留下一块空白。

例如:您对上网的同学有什么劝告?

_____

_____

 **想一想**　在这里需要注意什么问题?

这块空白留多大更合适? 空白太大,意味着需要回答者多写一些内容,让对方疑虑,同时增加了问卷的篇幅影响到调查之后对资料的整理;空白太小,限制了回答者填写的内容,可能造成资料过于简单。

2)封闭式问题的设计

提示　封闭式问题包括问题和答案两部分。

封闭式问题的主要表现形式：

（1）填空式

填空式是在问题后面划上一短横线，让回答者填写。

例如：您的性别？ _____性

您的年龄？ _____岁

（2）是否式

是否式中，问题的答案只有肯定和否定（是和不是）两种形式又称为二项式；回答者根据自己的情况选择其一。

例如：您家有彩电吗？　　　有□　　　没有□

您的学习成绩好吗？　　　好□　　　不好□

这种形式的特点：

①回答问题简单、明确。

②可以明显划分两类不同观点。

③得到的信息量太小。

④两种极端的回答不能了解和分析客观存在的不同层次。

例如：没有彩电，准备什么时候买？

学习成绩好到什么程度？

（3）多项选择式

多项选择式是给出的答案至少在2个以上，回答者根据自己的情况选择其中一个或多个答案。这是问卷中采用得最多的一种问题形式。

例如，您家里每月收入情况是：

□ 2 000 元以下　　　　　□ 2 001~3 500 元

□ 3 501~5 000 元　　　　□ 5 000 元以上

（4）矩阵式

矩阵式是将同类的若干问题及答案排列成矩阵，以一个问题形式表达出来。

例如：你觉得下列现象在我校是否严重？请在每一行适当的□内打"√"。

	很严重	比较严重	不太严重	不严重	不清楚
迟到	□	□	□	□	□
早退	□	□	□	□	□
请假	□	□	□	□	□
旷课	□	□	□	□	□

(5)表格式

表格式是矩阵式的一种变体,形式与矩阵式相似,就是将矩阵式变为表格式。仍以上例为例,如何用表格的形式设计问题和答案,请同学们自己动手。

例如:你觉得下列现象在我校是否严重?请在每一行适当的空格中打"√"。

现象 \ 情形	很严重	比较严重	不太严重	不严重	不清楚
迟到					
早退					
旷课					
请假					

矩阵式和表格式这两种形式的特点:节省问卷的篇幅;节省回答者阅读和填写的时间;由于同类问题集中在一起,阅读和回答起来比较方便。

需要注意的问题:在一份问卷中,这两种形式不宜用得太多,这样容易使人产生呆板、单调的感觉。

3)相倚问题的设计

在问题设计中,有些问题只适用于一部分被调查者回答。

例如:您家的彩电是什么品牌的?

被调查者是否需要回答这一问题,是根据他对这一问题前的问题的回答来确定的,即:"您家是否有彩电?"

因此,把前面一个问题(您家是否有彩电)称为过滤性问题,把后面一个问题(您家的彩电是什么牌子的)称为相倚问题。

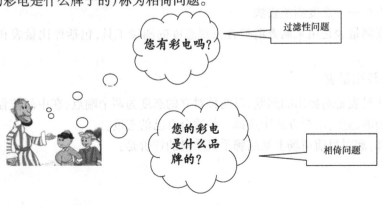

相倚问题:根据前一个问题来决定后一个问题的回答,且只适用于一部分被调查者回答的问题。

这类问题如何设计?

方法1:如果只有一个相倚问题,对相倚问题用方框框起来,与过滤性问题隔开,并通过一个箭头指示将它同过滤性问题中的某个答案相连接,例如:

1.您家是否有彩电?

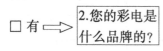

□ 有

□ 无

方法2:如果一连有好几个问题只适用于一部分回答者,设计时往往采用跳答指示的方法来解决。

1.您家是否有彩电?

□ 有

□ 无(请跳过2~5题,从第6题开始回答)

2.您家的彩电是什么品牌的?

3.您家购买的彩电是否划算?

4.您觉得您家彩电的收看效果怎样?

5.厂家在彩电的售后服务上做得怎样?

6.您家近期是否准备购买彩电?

7.您准备购买什么品牌的彩电?

8.您能够接受的价格是多少?

4)测量被调查者的主观态度

被调查者的主观态度是意向性内容的主要部分,要调查这部分内容,需要运用到一种方法——态度测量表法。

态度测量表是用来调查消费者主观态度的测量工具,包括评比量表和数值分配量表。

(1)评比量表

评比量表是对提出的问题,以两种对立的态度为两个端点,在中间按程度顺序排列不同的态度,由对方从中选择一种适合自己的态度。

例如,您对目前市场上某品牌手机质量的评价是:

好	较好	一般	较差	差
( )	( )	( )	( )	( )

对称性量表

您对目前市场上某品牌手机质量的评价是：

很好	好	较好	一般	差
( )	( )	( )	( )	( )

非对称性量表

(2)数值分配量表

数值分配量表是指调查者将不同态度规定不同分值,由对方根据自己的态度进行选择,通过分配数值的不同来表明不同态度的测量表。

例如,您对目前市场上某品牌手机的质量评价是：

好	较好	一般	较差	差
( )	( )	( )	( )	( )
+2	+1	0	−1	−2

很好	好	较好	一般	差
( )	( )	( )	( )	( )
4	3	2	1	0

数值分配量表

5)问题的表述

(1)有关问题表述和提问方式的常用规则

①语言要尽量简单。这是问题与答案设计的第一标准,应尽可能使用简单明了、通俗易懂的语言。

②陈述要尽可能简短。注意:短问题是最好的问题;问题陈述越长,越容易产生含糊不清的地方,对方的理解就会越不一致。

③问题要避免带有双重含义。即在一个问题中同时询问了两件事情,一题两问容易使被调查者无法进行回答。

例如:你父母的身体情况怎样?

你在学校的学习和表现如何?

④问题不能带有倾向性。问题的提法不能使对方感到应该填什么,提问不能对回答者产生诱导性。

例如:你们学校的学费不贵,对吗?

目前市场上销路最好的空调是格力,是不是?

应该保持中立的提问方式,使用中性的语言。同时,考虑一下,对上面两个问题如何修改?

可改为:你们学校的学费贵不贵?

目前市场上销路最好的空调是什么品牌?

或:格力空调在市场上的销售情况如何?

⑤不要用否定形式提问。日常生活中,人们习惯于用肯定句提问,不习惯于用否定句提问。因为用否定句提问造成误答的可能性比较大。例如:你吃了饭吗(肯定句)? 你没有吃饭吗(否定句)? 你对所学的课程感兴趣吗(肯定句)? 你对所学的课程不感兴趣吗(否定句)?

⑥不要问专业性太强的问题。在设计问题时,应该问被调查者能够回答的问题,要考虑被调查者是否具有回答这些问题的知识和能力。

例如,在向一般人群进行调查时,不要问下列问题:

您对这一产品的期望价格是多少?

麦当劳的目标市场是什么?

中国 GDP 去年的增长速度是多少?

⑦不要直接询问敏感性问题。涉及个人隐私和对上司的看法等都属于敏感性问题。

例如:你们班主任有什么问题?

你对市场调查课老师有哪些意见?

如果直接提问,往往容易引起很高的拒答率或不切实际的回答。一般采取间接询问的形式,且语言要特别委婉。

可改为:你希望班主任应该怎样?

你对市场调查课老师有什么要求?

6)问题的数目与先后次序

(1)问题的数目

一份问卷包含多少个问题,没有统一的标准,也没有具体的规定,需要根据调查的目的和内容来确定。但在设计问卷时,需要注意下列问题:

①问卷越短越好,越长越不利于调查。

②一般限制在 20 分钟内完成,最多 30 分钟。

③如果填答有报酬、有奖、有纪念品,问题可适当多一些。

④如果被调查者对问题很感兴趣、很关心,问题可适当多一点。

(2)问卷中各种问题的先后次序

在安排各种问题时,先后次序非常重要,它直接影响到填答问卷的质量,需要注意下列问题:

①把被调查者熟悉的问题放在前面。

②把简单易答的问题放在前面。

③把能引起被调查者兴趣的问题放在前面。

④先问行为方面的问题,再问态度、意见、看法方面的问题。

⑤把容易引起紧张或产生顾虑的问题放在后面。

⑥开放式问题放在问卷的最后。

4.1.6　答案的设计

在答案设计上需要注意下列问题:

1)答案要具有穷尽性

①答案应该包括所有可能的情况。

②如果无法穷尽时,需要加上一个"其他"类。

③如果在一项调查中,选择"其他"一栏的回答者人数相当多,说明答案的分类是不恰当的。

2)答案具有互斥性

答案相互间不能相互重叠或相互包含。

例如:你喜欢的课程有:

　　　　□ 计算机课　　　□ 市场营销学

　　　　□ 市场调查课　　□ 专业课　　　　□ 其他

分析一下有什么问题?

3)根据调查的需要确定测量层次

例如,要调查一个城市一般家庭每月收入情况,可以按不同测量层次来设计问题。

①如果要测量回答者的具体收入,应该是您家每月的收入是_____元。

②如果只了解调查总体家庭收入的一般情况,可设计为您家每月的收入水平是:

□ 高　　□ 中　　□ 低

③如果只是了解调查总体家庭收入的分布情况,设计为您家每月的收入是:

□ 2 000 元以下　　　　　□ 2 001~3 500 元

□ 3 501~5 000 元　　　　□ 5 000 元以上

4.1.7　问卷设计中常见的错误

提示　问卷设计是一个需要不断实践、不断积累的过程。

在设计问卷的时候,不仅初学者容易犯多种错误,就是有实践经验的人也难免出现一些小的疏忽。大家留心看一下各种媒体上刊登的调查问卷,有哪些你认为不合适的地方。

问卷设计常见的错误可归纳为:

①概念抽象、模糊。

例如:你们学校饭菜的分量如何?

　　　你们家的生活水平怎样?

②问题含糊不清。

例如:您最近怎样?

　　　您在校的情况怎样? ——是指哪方面的情况?

③问题带有倾向性。

例如:你们学校的学费不贵,对吗?

　　　目前市场上最好的空调是格力,对不对?

④问题有双重含义,也就是一题两问或一题多问。

例如:您父母的身体情况怎样?

在平时的交谈中可以这样问,但在设计问卷时就不太合适,其关键的问题是如何设计答案。

⑤问题的提法不妥。

例如:您现在的实际文化程度相当于什么水平?

　　　实际文化程度如何衡量,以什么为依据?

⑥答案设计不合理。

例如:你所喜欢的课程有

　　　□ 专业课　　　　□ 体育课　　　　□ 市场营销基础

　　　□ 市场调查实务　□ 其他

专业课与具体课程之间发生冲突。

⑦问题与答案不协调。

例如:您经常看哪一类电视节目?

情 形 节 目	经常看	很少看	从不看
新闻			
电视剧			
体育			
综艺			
访谈			
其他			

问题是:"您经常看哪一类电视节目?"答案又出现了:经常看,很少看,从不看,自相矛盾。

试想一想:如何进行修改?

4.1.8 问卷法的优缺点分析

1)优点

①节省调查的时间、经费和人力。通过分发问卷,可以在很短的时间内完成;能够同时调查很多人,调查效率较高;调查也不受地理条件的限制。

②采用不记名形式,可以减少对方的心理压力。

③所得到的资料便于定量分析和处理。

④可以避免主观偏见,减少人为误差。

2)缺点

①问卷的回收率有时难以保证,在问卷调查中必须强调一定的回收率。

②要求被调查者具有一定的文化水平。

③问卷调查资料的质量常常得不到保证。如果没有调查人员在场,填答问卷的环境得不到保证和控制,相互填答的现象普遍。

4.2 如何运用访问法调查

他们到底"缺"什么

自2013年1月下旬以来，多路记者向重庆近千名路人抛出"2013年，你缺什么"的问题。接受采访的人既有普通"上班族"、退休职工、农民工、环卫工人，也有政协委员、作家、企业老总。各种各样的回答或引人捧腹，或发人深省，网友将这一提问戏谑为继"你幸福吗"之后的又一"神提问"。

"缺钱"在回答中中标率颇高。面对中新网视频镜头，一位"上班族"感叹房价高，工资不涨，买不起房；农民工张某抱怨去年业务不多，没攒到钱；西南医院门口的一位男子愁眉苦脸地说，妻子生病用去十几万，他眼下最缺钱；从事销售工作的小伙子希望人民币多多益善；一位梦想中彩票的男士冲着镜头大呼："我缺500万！"靠挑东西谋生的"重庆好人"郑老汉则大声说："我缺钱不缺德！"

"缺觉"让许多被采访者吐槽。开出租车的张司机说，他一天工作12个小时，缺觉让他苦恼；长期熬夜的某媒体记者则称，他是一个长期活在黑夜并缺乏睡眠的人，刚睡着就听到手机响是时常上演的噩梦；长期值夜班时的李师傅常常靠做俯卧撑提神，盼望休息日能美美地补上一觉。

反映"精神缺失"的回答也频繁出现。一名退休老太太说，她觉得眼下生活乏味，最缺精神文化生活；重庆老作家认为自己最缺年轻；公司文员王先生觉得自己缺少快乐和感动；证券公司职员孙先生一脸认真地说，他目前最缺机遇和平台。

同样有人"知足常乐"，无论记者怎么追问，他们都坚称自己什么都不缺。正在开荒种菜的退休工人袁老先生说，他有房住，有退休金拿，什么都不缺；环卫工人陈师傅也很满足地说，单位去年的工资没有拖欠，今年还要涨工资，这让她很知足。

缺与不缺，似乎没有一个标准答案。在物质日渐充裕的今天，也许心里不缺，才是真的不缺了。通过"接地气"的街头采访，反映草根一族真实的生活状态和心理期许。

资料来源：中国新闻网

思考：1.上述案例运用的是什么调查方法？这种调查方法有什么特点？
2.作为访问员在实际调查过程中需要注意哪些问题？

提示 访问法要反复实践，做到熟能生巧。

4.2.1　对访问法的理解

1)访问法的定义

访问法因访问而得名,将访问这种形式运用于市场调查中,我们就把它称为访问法。

(1)什么是访问

访即探望、寻求,问就是询问、追究。访问又称为访谈,是指访问者通过口头交谈等方式,探望、寻找被访问者,借以询问、了解实际情况。

(2)什么是访问法

将访问法运用于市场调查中,是指访问者(市场调查人员)通过交谈的方式有目的地向被访问者提出问题,通过被访问者的回答(包括口头或书面回答)来收集市场信息、资料的一种方法。

运用访问法进行市场调查,与日常的交谈是不一样的。如果不找出它们之间的不同,在实际运用过程中,就会将访问法与日常交谈混为一谈。

2)与日常交谈的不同

①访问法比日常交谈更有目的性。日常交谈不一定有明确的目的,访问法一定要有明确的目的。

②访问法的目的与日常交谈不同。从目的的广度和范围上来看,日常交谈的目的比较宽泛,而访问法的目的比较单一,即向被访问者了解一定的情况和获得信息为目的。

③交谈双方在关系上不同。日常交谈是一种比较平等的人际关系,访问法则是一种比较特殊的人际关系,一般是由访问者控制交谈的内容、提出问题,被访问者回答。

3)访问法的特点

提示　访问法的基本特点是:口问、耳听、手记。

与问卷法比较,访问法的特点主要表现在以下 6 个方面:

①访问法是一个面对面的交往过程。

②访问法是一种复杂而又难于把握的方法。

③应用范围广,获得的资料比较丰富。

④能充分发挥访问员的主动性与创造性。

⑤花费时间长,费用多,调查规模受到限制。

⑥对访问员的素质和能力要求比较高。

与人交往,特别是面对面的接触,对于一个刚刚进入社会或初次进行市场调查的人来说,并不是一件简单而轻松的事情。这要求同学们通过平时与他人多接触、多交谈,熟练掌握谈话的方法和技巧,更好地把握访问法,保证市场调查工作的顺利进行。

同时,作为访问者在访问过程中需要把握好问什么与怎么问,听什么与如何听,记什么与如何记等具体问题。

4.2.2 访问法的类型

从不同的角度对访问法进行分类,包括下列类型:

1)按访问者与被访问者的交流方式分为直接访问与间接访问

(1)直接访问

访问者与被访问者之间直接进行面对面的交谈。具体形式包括走出去访问与请进来访谈。

①走出去访问:访问者(你)到被访问者(他)当中去实地访问,收集信息、资料。

②请进来访谈:将被访问者(他)请到(你)所安排的地点进行访问。

(2)间接访问

访问者通过电话网络等方式对被访问者进行访问。

因为双方之间不直接见面,所以称为间接访问,包括电话访问、邮寄访问、网上访问等具体形式(邮寄访问在前面问卷法的邮寄问卷中分析过)。

 问题1 如何进行电话访问?

电话访问一般包括的步骤有:

①确定调查的题目或调查提纲。

②给被调查者打电话,进行电话交谈。

③记录并整理所收集的资料。

④报告调查结果。

电话访问一般用于需要快速获取信息资料时采用。

电话调查的优点表现为:调查不受距离远近的限制;调查的成本较低,时效性强。

电话调查存在的不足是:调查时间受到一定限制;容易遭到对方的拒绝;对于较为复杂的问题不适合采用。

小资料:如何拨打电话?

①左手持听筒、右手拿笔。

②拨通电话后报出公司或部门名称。

③说明打电话的目的,以礼貌赢得接纳。

④把程式化的问题整理成令人感兴趣的话题。

⑤提供便利的回答方式,让对方容易回答。

⑥注意声音和表情。

⑦保持正确的姿势。

⑧复述对方回答的要点。

⑨真诚地向对方表示感谢。

⑩让对方先挂电话。

2)按一次所访问人数的多少分为个别访问与集体访问

(1)个别访问

每次只访问一个人,分别作好访问记录,然后集中对资料进行整理、汇总、分析,最终得出对所有访问者的总体认识。这是访问调查中通常采用的一种方式。

(2)集体访问

一次访问多个被调查者,一般采用开座谈会的形式。座谈会是一种集体访问方法,就是将许多调查对象集中在一起同时进行访问,也就是通常所说的"开调查会"。

 问题2　如何组织座谈会?

①组织座谈会的基本要求。参加人数以 5~7 人为宜,最多不超过 10 人;参会人员要有代表性;代表要了解所调查内容的情况;代表要积极踊跃地发言,敢于发表自己的观点;相互之间应有共同语言;与调查问题无关的人或权威人士不必参加。

②座谈会成功的三要素。

要素一:组织者要做好通知工作,将参会人员名单、座谈内容、要求、开会时间、地点等通知参会的所有代表。

要素二:开会前要做好充分的准备,拟订好访问提纲。

要素三:会上要组织好两个互动。一是访问者与被访问者之间的互动;二是被访问者与被访问者之间的互动。

③主持人必备的基本素质。作为座谈会的核心,主持人的作用特别重要。一个优秀的座谈会主持人可以点石成金,一个素质不够的主持人会把座谈会变成聊天会。座谈会主持人必须具备的3个基本素质:

第一,互动亲和能力。在小组座谈会中,一群相互之间完全陌生的人集中到一起,而且要畅所欲言,有相当难度。首先就是要建立信任感,特别是要建立主持人与参会人员之间的信任感。要求主持人是个有热情的人,是一个让大家一见就感到信赖和亲切的人,是一个有着高度亲和力的人。对于主持人,要很快进入会议主持状态,让小组成员放开思想包袱,在无论对错没有水平高低的担忧下充分讨论。

第二,会议过程控制能力。首先是语速控制,语言要中速,不快不慢,既不让大家感到压抑又让大家听得清楚。其次要能够控制与会人员的谈话脉络,保证会议正常的按照既定主题发展。如果有人跑题了、拖堂了,能够顺着发言者的意思很轻松地牵到下一个主题,而不是突兀地打断。再次是时间进度管理,要在规定的时间内完成既定访谈任务,会前的提纲准备,须将会议的主题划分为几个相关的步骤,有一条时间线;现场将每个小组成员的发言控制在合理的水平,既表达充分,又不啰唆。如果发现时间控制方面出现了问题,应该及时调整话题方向和过程,加快节奏,不能仓促结束,如果需要,可以适当延长访谈时间。

第三,提问和倾听能力。主持人的提问能力很重要,如果没有好的提问技巧,不能就事论事,步步为营,深入挖掘,而是照本宣科,所获得的访谈成果一定是表面和肤浅的。所以,合格的主持人应该掌握基本的提问技巧,懂得借助专业知识和恰当的问题挖掘出问题的本质和核心。

倾听能力对于主持人来讲也非常重要,要能认真地倾听发言者的真实意思表达,包括表面意思和隐性意思,在充分理解的基础上展开下一步的讨论;也要能够识别小组成员的非语言行为,更好地理解每个成员的真实意见和态度。

④座谈会的两种方式。

第一种形式:头脑风暴法(又称为特尔菲法)。会议主持者不说明会议的明确目的,只是就某一方面的议题请代表们自由地发表意见。提醒注意:会议主持者不发表意见,也不对别人的意见发表看法或提出批评。

第二种形式:反向头脑风暴法。会议首先列出某个方面的问题,参加会议者不仅可以自己发表意见,而且需要针对别人的意见展开批评和评价,以寻求解决问题的方法与途径。应注意的问题是:座谈会要避免被某些权威人士或会议主持者的发言所左右;其他人员应充分发表意见,使各种意见能得到充分的表述。

3)按访问者对访问过程的控制程度分为结构式访问、半结构式访问和无结构式访问

(1)结构式访问

结构式访问,又称标准化访问,就是按照事先设计好的、有一定结构的访问问卷进行的访问,这是一种由访问者高度控制的访问。

①结构式访问主要表现。

第一,选择访问对象的方式统一。

第二,访谈中提问内容的统一。

第三,提问方式和顺序的统一。

第四,对被访问者回答问题的记录方式的统一。

②结构式访问需要把握的问题。

第一,需要设计好访问问卷;因为问卷是访问者的主要工具。

第二,访问者必须严格按照问卷上的问题顺序发问,自己不能随意对问题进行解释。

第三,当被问人对问题不明白时只能重复一次,不能反复重复问题。

③结构式访问的特点。

第一,能够对调查过程加以控制,提高调查结果的可靠性。

第二,访问有一定的局限性,因为它使用的是统一的问卷与表格。

第三,需要有大量的访问样本。

第四,费用高,时间长,规模受到限制。

第五,对敏感性问题的调查效果较差。

(2)半结构式访问

半结构式访问,又称半标准化访问,就是按照事先拟订好的访问大纲或问卷提问,但不一定按问题顺序进行提问的访问形式。

半结构式访问的特点:访问时比较灵活、方便,容易与对方合作。

(3)无结构式访问

无结构式访问,又称非标准化访问,是一种没有高度控制要求,由访问者与被访问者就某个题目进行自由交谈。

无结构式访问一般不要求制订统一的访问问卷,只要求根据访问的题目列出大致的访问提纲。

无结构式访问的特点:

第一,对双方不存在严格的约束,有利于发挥双方的积极性和主动性。

第二,有利于深入了解某些市场问题,做细致的分析。

第三,能够形成一些事先无法设想的问题。

第四,对调查结果的整理、分析工作量大。

4.2.3 访问的程序与技巧

1)运用访问法的一般程序

①做好访问前的准备工作。

②进入实地进行访问。

③访问过程中的控制。

④结束访问。

2)访问前要做的准备工作

①选择合适的访问方法。访问方法的选择需要根据调查的目的、要求及需要进行考虑。

②制作访问问卷、访问提纲或调查表格。这是实施访问法进行调查需要做好的准备工作,否则访问无法顺利进行下去,特别是初次访问者更要做好充分的准备。

③拟订访问程序表,对访问工作和时间进行安排。

④准备好访问工具。需要准备的工具包括:普通工具(如笔、纸等)和特殊工具(如调查表格、问卷、访问提纲、计算器等)。

3)访问开始阶段应该做什么

在访问的开始阶段,需要做好下列几个工作:

①主动打招呼、向对方问好。

②自我介绍。

③说明访谈的目的和话题。

④安排就座并做好记录准备工作。

提示 如何与被访问者建立融洽的关系,消除顾虑,让对方接受你是访问成功的关键。

4)怎样接近被访问者

这是作为访问者需要重点考虑的问题。在调查实践中,许多人在这方面顾虑很多,不知道如何是好,不敢去接近对方。当然,首先应该是勇气和胆量,特别是市场营销专业的同学在训练中更要重视这方面的锻炼。同时也要注意下列环节和技巧性问题。

提示　良好的开始是成功的一半。

(1)选择适当的称呼

如何去称呼对方?不同的人称呼应该不同,同一种类型的人是不是称呼应该相同呢?也不一定。在选择称呼上应考虑如下几点:

①根据对方的性别、年龄、职业等选择不同的称呼。

②让对方感觉受到尊重,尊重他人是第一位的。

③不要过于恭维,这样容易让对方厌烦。

(2)掌握和运用好接近的方法

接近对方是应该讲究方法和技巧的。常用的方法有下面几种,同学们可以经常训练和运用。

①自然接近法。在与被访问者的共同活动中接近对方,如参与到购物中与顾客接近。

②正面接近法。与对方直接开门见山,介绍自己并说明调查的目的、基本内容等。

③求同接近法。访问者主动寻找与被访问者的共同之处,产生共同语言,借以接近对方,如校友、同乡、同年、同姓等。

④友好接近法。以友好的态度关心和帮助被访问者,以求接近对方,如在公交车上让座,帮对方拿东西,趁机接触对方进行访问。

(3)在接近对方时应注意的问题

①陌生感使双方拘束无言。要想方设法打破沉静,让对方接受你的调查。

②被访问者以各种原因拒绝访问。要沉着冷静,尽量减少拒绝访问的次数。

③访问者因多次遭拒绝产生怯场。

④因为双方地位的不平等,产生的不自然感。

提示　调整好心态,增加信心和勇气。

5)如何控制整个访问过程

访问过程是调查者提问的过程,提问成功与否是访问能否顺利进行的关键。

（1）提问时需要考虑什么

①提什么样的问题？所提的问题是否是对方关心或感兴趣的问题，如果对方对问题不关心或不感兴趣，回答就会打折扣，直接影响调查的质量。访问者在选择问题上千万不要自以为是，要站在对方的角度来思考。

②如何把问题提出来？注意把握好提问的方式。

③什么时候提问？提问的时机非常重要。经验丰富的访问员能够恰到好处地提出问题，经验不足的访问员往往欠缺火候，不是对方上一个问题还没有回答完就提出下一个问题，就是对方已经回答完问题等着你提问。

④提问时应与表情、动作结合起来。因为表情、动作是控制访问的两个主要手段。运用得好，能够丰富整个访问过程。

（2）如何控制提问

①当从一个话题转向另一个话题时，应该注意比较自然地转变，让对方保持一种正常的思维状态，避免"脑筋急转弯"，大起大落。

②当被访问者跑题时，应该进行引导性提问，切忌粗鲁地打断对方的谈话，不要直接说对方"回答不对"或"回答错误"，这样容易让对方心里不愉快或不舒服。

（3）如何对问题进行追问

①什么情况下该追问？

情形1：当回答者对问题不理解或没有把握，以一个含糊不清的答案作为回答的时候。

情形2：对方回答问题前后自相矛盾，不能自圆其说的时候。

情形3：对方回答问题不够完整，甚至残缺不全的时候。

②如何进行追问？

方法1：复述问题。将对方不懂或未理解的问题，再复述一遍，让对方记住所要回答的问题。

方法2：复述回答。当你不能肯定已理解了对方的回答时，可复述一下对方的回答，让对方确认。

方法3：对于对方的回答表示理解和关注。访问者应该表现出自己正在认真倾听对方的回答，从而诱发回答者继续谈下去。

（4）交谈中，访问者什么时候该发问与插话

①当对方在谈话中途停顿一下的时候，这是提问最好的时机，可提出事先准备好的问题。

②对于不善言辞的人在结巴的时候，为鼓励对方能够顺利地讲下去，不至于尴

尬,可插几句鼓励的话或是对谈话表示满意的话。

(5)如何运用表情与动作控制访问

提 示 表情与动作属非语言因素,也是重要的交流形式。

访问者需要通过自己的表情与行为表达一定的思想、感情,从而达到对访问过程的控制。

①对表情的要求。要有礼貌,对人谦虚、诚恳、耐心,用表情控制人。

②正常的动作包括:点头、记录、倒茶送水等。

③需要避免的情形。面无表情、过于严肃,对方回答问题你却一声不吭,目不转睛地盯着对方。

6)如何结束访问

提 示 访问既要善始善终,又要适可而止。

(1)结束访问需要注意的问题

①注意提问的方式。例如:"我想再问您最后一个问题,就是……""您还有什么要说的?"以此表示访谈将要结束。

②直接说明访谈的结束。例如:"今天我们就谈这些吧。"

③真诚地向对方表示感谢。例如:"今天占用了您宝贵的时间,谢谢您的合作。"

④就后续的联系作好交代。

(2)遇到以下情况如何处理

①你需要问的问题已经问完,但对方谈兴正浓的时候,趁机插话:"我们今天就谈到这里吧。""我们改天再聊吧。"

②对方已露疲态,而你所要问的问题还没有完,需要问对方:"我们还忽略了什么没有?""我们还有什么地方没谈到?"

③因为谈话花费了别人很长的时间,应诚恳地向对方表示抱歉。

4.2.4 如何做好访问记录

访问记录可以分为两种:对结构式访问的记录和对非结构式访问的记录。

1)对结构式访问的记录

结构式访问,由于事先设计了问卷和标准的记录要求,因此,只需要根据受访者的回答,在问卷的相应位置做好适当的标记即可。

2)对非结构式访问的记录

非结构式访问,由于事先没有制订统一的问卷,对记录也没有严格的要求,可以采用两种记录形式:用录音笔记录和用笔记录。

(1)如何使用录音笔

①事先作好充分的准备。需要做好的准备工作包括:录音笔能否正常工作,电池电量是否充足,音量调到多大为合适等。

②录音时,录音笔的位置尽量离受访者近一些。

③录音笔不要放在回答者的正面,应放在稍侧面的位置。

(2)如何用笔记录

用笔记录的时候,需要注意下列问题:

①提高笔记的速度。可以使用缩语、速记、各种符号等,保证记录能够跟上对方回答的速度。

②事后进行整理。把记录不完整的内容补充完整,还可以记录一些心得感想。

③处理好记与听的关系。不要一味地埋头记录而忽视了适当的回应,在记录的同时适当地关注对方的回答。

④最好能够做到盲记,即眼睛不看笔记本就能够准确地记录。

4.2.5　访问者应具备的条件

市场调查是一项艰苦又富有挑战性的工作,它需要市场调查人员具备一定的素质和条件,具体包括:

1)诚实与认真

①对调查人员的基本要求。准确地遵守工作准则;忠于访问的事实;对访问资料的记录必须十分精确。

②需要避免的问题。把自己的猜测加进去;把不确定的事实肯定下来;替被访问者圈选问卷;访问敷衍了事。

2)兴趣与能力

提示　热爱是最好的老师。

①需要提醒注意的问题。对访问工作没有兴趣,是不可能把工作做好的;经过几次调查访问后,调查会变得枯燥无味;不喜欢这项工作,会造成更大的误差。

②对调查人员的能力要求包括:观察能力、辨别能力、表达能力、交际能力等。

3)勤奋与负责

①访问调查是一件非常辛苦的工作,容易受到冷遇、拒绝、难堪,甚至精神上的痛苦。

②在实际调查中要有责任心,要吃苦耐劳,知难而进。

4)谦虚与耐心

①要虚心求教、尊重对方。

②耐心地听完对方的回答,耐心地对问题进行讲解。

4.2.6 访问员的挑选及培训

1)访问员的挑选

访问员的挑选一般从如下几个方面来进行考虑:

(1)道德品质

包括诚实可靠、办事认真、勤勉耐劳、客观公正、不存偏见,有高度的责任心和敬业精神。

(2)应变能力

要求访员能在复杂多变的社会环境中,独自一人解决随时可能遇到的各种意外问题,这样才能保证整个项目高效率按计划完成。

(3)语言能力

清楚的口齿,流利的语言,标准的普通话,这是对访问员语言能力的基本要求。在一般情况下,尽量选择普通话标准的人作为市场调查人员。同时,也要具体情况具体分析。比如,我国地方方言很多,许多地习惯使用当地的方言,如果访问员能够使用方言跟受访者交谈,更容易得到受访者的认同,降低受访者的心理防御,提高访问的成功率。

(4)外在仪表

仪表大方,态度亲切,平易近人,以外向性格为佳。

(5)扎实的专业知识

作为一名合格的访问员,要能与访问对象进行有效地沟通,需要掌握一定的专业知识,包括市场营销知识、与调查课题有关的知识等。

2）访问员的培训

访问员挑选结束后，在正式访问开始以前，要对访问员进行必要的培训，访问员培训一般包括基础培训和项目培训。

（1）基础培训

基础培训是对访问员的态度、方法、技巧等基本内容进行的培训，是项目培训的基础和前提。每位新参加项目的访问人员必须接受基础培训，掌握入户技巧、发问技巧、记录技巧、离开技巧、处理意外事件技巧，等等。特别是通过培训使他们树立信心，掌握与人沟通的技巧。基础培训具体有以下几个方面的内容：

①态度训练。态度训练的目的是让访问员明确访问工作对市场调查的客观性、科学性所起的非常重要的作用，意识到在今后的访问实践中做到认真、细致、一丝不苟地按照要求完成所有任务是每个访员应尽的职责。

②技能训练。技能训练的目的是提高访问员与陌生人打交道的能力，以有效完成访问任务。技能训练包括：如何接近顾客，以及如何提问、追问、记录等内容的训练。

③问题处理训练。在访问过程中，访问员常会碰到这样或那样的问题，如受访者不愿意配合，找不到被抽到的样本，访问最后受访者不愿意留下联系方式等。事先对可能遇到的问题进行分析，可以使访问员做到心中有数，遇到不同的问题，采取不同的方法进行处理，避免对访问结果产生不良影响。例如，当访问最后受访者不愿意留下联系方式时，访问员可以再次向受访者告知本次调查的目的，表明我们一定会对他的资料进行保密。同时，还可以向受访者说明，要他的联系方式还有一个原因是公司对访问员工作的监督，怕访问员弄虚作假，影响调查效果。如果受访者还是不愿意告诉联系方式时，可以建议其留下办公室的电话，如果是街边访问，可以请求其稍等片刻，将督导叫过来确认等。

（2）项目培训

不同的市场调查项目，在访问方式、访问内容上都是不同的。所以，在调查实施前的培训阶段，调查公司要对调查人员进行项目操作的指导和培训。

项目培训，着重强调对本项目的理解，主要包括问卷讲解、模拟训练和陪访3个方面的内容。

①问卷讲解。问卷讲解是由调研督导（专业调研机构、市场调研公司）人员向调查人员解释问卷问题，即采用授课的方式先从认识上对访问员加以训练，一般是让调查人员先看问卷和问卷须知，针对调查人员不清楚的地方给予解释，确保访问

员能全面了解问卷内容和访问技巧。问卷讲解还包括统一问卷填写方法,分派任务(指定每个调查人员调查的区域、时间和调查的对象),访问准备工作介绍(告诉调查人员在调查前所需携带的各种东西,比如问卷、受访者名单、电话、答案卡片、介绍信、自己的身份证明、礼品等)。

②模拟。按项目要求,将访问员进行分配,让其进行具体操作,模拟访问员和被访者的问答,模拟的过程中注意检查发现他们在模拟中存在的问题,并加以指导、纠正,帮助访问员进一步掌握操作技巧。

③陪访。为了亲自了解访问中可能出现的问题,增强访问员的自信心,调研督导一般要陪伴一些访问员到访问地点做试访。这样做,一方面可以帮助访问员从实干中提高技能,掌握技巧;另一方面可以记录访问员的问题和特殊事件,对访问员的工作进行现场监督。

4.3 如何运用观察法调查

案例导入

如何选出最喜欢的娃娃

美国有一家玩具工厂,为了选择出一个畅销的玩具娃娃品种,使用观察法来帮助他们决策。他们先设计出 10 种玩具娃娃,放在一间屋子里,请小朋友来决策。每次放入一个小孩,让她玩"娃娃",在无拘束的气氛下看这个小孩喜欢的是哪种玩具。为了了解真实情况,这一切都是在不受他人干涉的情况下进行的,关上门,通过录像作观察,如此经过 300 个孩子作调查,然后决定生产哪种样式的玩具娃娃。

思考:这家玩具厂选用哪种方法做市场调查? 这种调查有哪些特点?

【学一学】

4.3.1 对观察法的理解

观察法是市场调查收集资料的基本方法之一,"眼观六路,耳听八方"形容的就是观察。因为在市场调查的许多方面是需要通过眼看耳听,真正做到"眼见为实",有目的地取得有用的资料。因此,在实际调查过程中,应该是问卷法与访问法、访问法与观察法相结合,这样才能够保证所收集的资料客观、准确、系统。

1) 观察法的定义

（1）什么是观察法

观察法是指观察者（即市场调查人员）根据调查的课题，利用眼睛、耳朵等感觉器官和其他科学手段，有目的地收集所需资料的调查方法。

（2）观察法需要运用什么手段

①基本手段：眼睛、耳朵。

②特殊手段：照相机、摄像机、望远镜、显微镜等。

2) 观察法与日常观察的区别

（1）观察法是有目的地进行的观察

①没有目的，观察法就失去了意义。在市场调查中，之所以要运用观察法，就是为了有目的地收集资料。

②日常观察虽然也有一定的目的（如走在马路上要注意交通安全），但很多方面却是一种无意识的或潜意识的活动。

（2）观察法是有系统、有组织地进行的

①调查人员要对观察对象、项目及方法制订详细、周密的计划，进行系统设计。

②调查人员也要经过系统地训练才能够胜任这一工作。

③日常观察则缺乏这种系统性和组织性。

（3）观察法要运用科学的手段

①观察法除了利用人的感觉器官外，还需要借用其他科学工具（如望远镜、显微镜等）。

②日常观察则是仅凭自己的感觉器官来观察，没有人整天在身上挂着望远镜、显微镜。

（4）观察法的结果必须是客观的，经得起检验的

①在市场调查中，常常需要反复进行观察，或采用其他方法对观察结果加以对照或检验，以证实观察对象的客观性和真实性。

②日常观察则没有这种必要。

3) 观察法的特点

①眼见为实。可以实地观察到市场现象的发生。观察法一个很大的优点是可

以在同一时间内收集事物和人的实际表现行为。例如:在橱窗前逗留时间的长短,看一幅广告的时间有多长等。这只有借助于观察法才能获得较精确的结果,用观察法不会存在事后调查常有的那种有些细节被遗忘的缺陷。

②独立性强。对于不能用其他方法调查的问题,可以用观察法来弥补。观察法收集信息不仅与被调查人的主观看法和其参与的自愿程度无关,而且与环境对被调查人的影响毫无关系。在多数情况下,观察法是完全独立进行的,无须征得对象的同意,而且观察法对调查对象的合作要求是非常低的,甚至根本不需要。从原则上来说,观察法与条件无关,可是事实上并非哪一种形式的观察都不需要得到调查对象的同意。

③简便易行,灵活性较大,对观察各种市场现象具有广泛的适用性。采用隐蔽观察时,观察本身不会影响调查对象的行为。因此,可以观察到被观察对象不失真的正常的举止行为,这种行为不会受到类似口头询问时的采访或询问表的干扰。

④对于偶然性的市场现象可遇不可求,事先无法预计,观察必须随着行为的发生而进行。因此,观察的过程应该从什么时候开始无法事先预定,有时为了看到所需行为的发生,观察人员不得不等很长的时间。

⑤有些现象不能用观察法观察出来,如消费者的观念、购买动机等,是不能通过观察了解的。

> **提示**　观察法的基本特点是:眼看、耳听、手记。

4.3.2　观察法的类型

1)根据观察者是否参加到被观察者的具体活动中划分,包括参与观察和非参与观察

(1)参与观察

观察者直接参与到被观察者的具体活动中去,对市场现象进行观察,从而收集所需要的信息或资料。这种观察也称为局内观察。

(2)非参与观察

观察者以旁观者身份,对有关市场现象进行观察,也称为局外观察。

在非参与观察中,观察者不参与到被观察者的任何活动,只对市场现象作一般性观察,以取得感性上的认识。

2)根据观察者事先是否制订观察计划、内容及项目划分,包括结构式观察与无结构式观察

（1）结构式观察

观察者事先制订好观察计划,并严格按照规定的内容和程序实施的观察。

结构式观察强调观察过程的标准化。

（2）无结构式观察

观察者对观察的内容、程序事先不作严格的规定,依现场的实际情况随机决定的观察。

无结构式观察的优点是:观察较灵活,自己认为什么重要就观察什么;能够充分发挥调查者的主动性和创造性。其缺点是:观察的资料不系统、不规范,受观察者个人因素影响较大,可信度较差。

4.3.3 参与观察的运用

参与观察是市场调查人员作为局内人,直接参与到被观察者的具体活动中去,对市场现象进行观察,从而收集所需要的资料。运用好参与观察,对所收集的资料有非常大的帮助。

1)参与观察一般要经过的程序

①进入观察现场。
②确定观察内容,制订观察计划。
③进行实地观察,作好观察记录。
④退出观察现场,写出调查报告。

2)如何顺利进入观察现场

需要做好的工作和注意的问题:
①出示证明文件,说明调查目的并征得同意。
②与被观察者建立友好关系,争取支持与帮助。
③与被观察者打成一片,充当普通一员。
④对被观察者之间发生的事情要不露声色。
⑤不要表现出明显的倾向和兴趣。
⑥发言采取中立态度,不加任何评论。
⑦尽量做到多听、多看,少发表议论和意见。

3) 需要观察哪些方面的内容

在市场调查中需要观察的基本内容有:
①商品的经营情况。
②具体商品的陈列情况。
③不同商品的定价和价格变动情况。
④商品促销活动的策划与开展。
⑤消费者的购买活动。
⑥经营者与消费者的交易关系及矛盾处理等。

问题1 如何观察一个超市经营的好坏?

需要观察的内容:
①看超市所处的位置。
②看超市收银台。
③看超市的整体布局。
④看超市的商品堆头。
⑤看超市的货架。
⑥看货架上陈列的商品。
⑦结合访问对所观察的情况加以证实。

问题2 如何对进店顾客进行观察?

在商业行话中,有一句"进门三相",就是说对走进商店的顾客要从3个方面进行观察。

一相顾客的神态:判断进店顾客的目的。

二相顾客的穿着打扮:判断顾客的身份、职业、爱好、经济及购买能力。

三相顾客的注意力:揣摸顾客的购买心理。

要求营业员对走进本店的顾客要做到:观其行,听其言,察其意。有针对性地宣传与介绍,才能够起到"事半功倍"的效果。

问题3 如何对营业员售货及服务进行观察?

观察方式:通过伪装购物进行观察。

观察内容:

(1) 观察时间:_____

(2) 营业员姓名:_____

(3) 消费者购物行为:购物、非购物、退还货物。

（4）顾客等多久才得到营业员服务？

（5）您在什么地方找到营业员？

（6）营业员是否热情地为您服务？

（7）营业员的举止行为怎样？

（8）您对营业员外表印象如何？

（9）您对营业员提供的服务咨询看法如何？

（10）营业员对商场缺货的处理方法怎样？

（11）你在观察时，是否有柜长或现场监督在场？

（12）您下次来购物还希望找同一位营业员吗？

（13）是否有其他好的现象和不好的现象？

（14）对商场营业员有什么好的建议和希望？

思考：对营业员的观察应该从哪些方面来进行？你知道怎样去观察吗？

4）如何做好观察记录

（1）注意处理好的两个问题

①在什么时候及场合下作记录？因为在有些场合下不宜当场记录，需要慎重。

②运用什么方法记录？

（2）需要提醒注意的问题

①不要过于相信自己的记忆力，以当场记录或事后尽快记录为好。

②记录要详细，尽可能把观察到的一切细节都记录下来。

③注意运用各种方法记录，记日记，对单独事件当场速记，事后追记，在现场用简短的文字和一些特殊符号记录。

5）观察完后应该做什么

①退出观察现场。在退出现场时，应与该单位领导交换意见，介绍调查的发现，并一起商量解决问题的办法。

②尽快写出调查报告。

4.3.4 结构式观察的运用

结构式观察，就是观察者事先制订好观察计划，并严格按照规定的内容和程序实施的观察。结构式观察强调观察过程的标准化。

1)结构式观察要经过哪些步骤

①选择观察对象,确定观察内容。

②将观察内容具体化。将所要观察的内容设计成具体的观察项目,并制作观察工具。观察工具包括卡片、表格、观察提纲。

③对市场现象进行观察并作好记录。

④对观察记录进行整理、统计和分析。

2)如何设计各种观察表格

在市场调查中需要设计的观察表格有:

(1)某种商品价格观察表(表4.1)

表4.1　某品牌手机价格观察表

被观察单位:＿＿＿＿＿＿＿＿＿＿＿＿＿＿＿

观察地点:＿＿＿＿＿＿＿＿＿＿＿＿＿＿＿＿＿

观察小组成员:＿＿＿＿＿＿＿＿＿＿＿＿＿＿＿

观察时间:＿＿＿＿年＿＿＿＿月＿＿＿＿日至＿＿＿＿年＿＿＿＿月＿＿＿＿日

品　牌	计量单位	价格变动情况		
		第一次观察	第二次观察	第三次观察

(2)某商场顾客流量及购物调查卡片(表4.2)

表4.2　顾客流量及购物调查卡片

被观察单位:＿＿＿＿＿＿＿＿＿＿＿＿＿＿＿

观察地点:＿＿＿＿＿＿＿＿＿＿＿＿＿＿＿＿＿

观察人员:＿＿＿＿＿＿＿＿＿＿＿＿＿＿＿＿＿

观察时间:＿＿＿＿年＿＿＿＿月＿＿＿＿日＿＿＿＿时至＿＿＿＿时

	入　向	出　向
顾客人数		
购物人数	—	
购物金额	—	

注意：①入向和出向人数、出向的购物人数通过观察法。

②购物金额用观察法和访问法相结合，向出向者进行调查访问，并作好记录。

（3）某商场销售情况观察表（表4.3）

表 4.3　某商场电视机销售情况观察表

品　　牌	访问人数	销售数量

（4）某商场商品陈列情况观察表（表4.4）

表 4.4　某商场彩色电视机陈列情况观察表

品　　牌	陈列位置	顾客评价

4.3.5　观察法的应用原则及要点

1）应用原则

①客观性原则。客观性是观察法最重要、最起码的原则，只有强调客观性，才能够保证所收集的资料真实、可靠。要求市场调查人员在观察的时候要对市场现象持客观态度，进行客观观察，避免出现主观倾向或好恶，更不能够出现歪曲事实或编造情况的现象。

②全面性原则。要求对观察对象进行全面观察，需要从不同层次和角度进行观察，避免出现片面性或错误的观察。

③深入持久性原则。对市场现象的观察不可能一时一地完成；要求既要观察一点，又要了解全面；既要观察现象，又要了解本质。这样才能够全面地了解情况。

2) 应用的要点

在运用观察法进行市场信息收集的时候,要求把握以下要点:

①正确选择观察对象。

②确定合理的观察时间和地点。

③正确、灵活地安排观察顺序。

④减少观察活动对被观察者的干扰。

⑤作好观察记录。

4.4　如何运用实验法调查

案例导入

广告宣传效果测试

美国史达氏公司(Starth)与盖洛普·鲁滨逊公司(Gallap&Robinson,简称G&R)是两家广泛运用出版物调查广告心理效果的公司。其做法是:先把调查的广告刊登在杂志上;广告登出后,便把杂志发给消费者中的调查对象;随后公司同这些被调查者接触,并与之就杂志及广告问题同他们谈话;回忆和认识的调查结果可用来确定广告效果。

G&R 公司的调查人员每次抽样调查样本约 150 人(男女均有),年龄在 18 周岁以上,分布在美国各地。被调查者均可以选择自己常看的杂志广告接受调查,他们必须看过最近四期(杂志广告)中的两期,但没有看过最新的一期。调查人员没有事先告诉媒体受众调查的内容,同时要求被调查者不要在访问的当天阅读有关杂志。电话访问时,首先询问被调查者在某一杂志的所有广告中,记得哪几则广告,以便确定这些广告的阅读率;媒体受众指出所记得的广告后,就可以问他们以下问题:

那则广告是什么模样?内容是什么?该广告的销售重点是什么?您从该广告中获得了哪些信息?当您看到该广告时,心理有何反应?您看完该广告后,购买该产品的欲望是增加了还是减少了?该广告中,什么因素影响您购买该产品的欲望?您最近购买此种产品的品牌是什么?

思考:两家公司的做法运用到了什么样的调查方法?

【学一学】

4.4.1 对实验法的理解

1)什么是实验法

实验法,是指实验者(市场调查人员)有目的、有意识地通过改变或控制一个或几个市场影响因素(变量)的实践活动,来观察市场现象在这些因素影响下的变动情况,从而认识市场现象的本质和变化规律。

2)如何理解实验法

①通过实验法收集资料是一种有目的、有意识的活动。
②这种活动是通过改变或控制一个或几个市场影响因素(变量)来进行的。
③通过观察某种市场现象的变动情况,认识其本质和变化规律。

3)在市场调查中为什么要用到实验法

我们在初中阶段的物理和化学中接触到实验法,应该有一定的印象,但在市场调查中为什么可以用到实验法?

(1)用到实验法的原因

问卷法、访问法和观察法一般是在不改变市场影响因素的情况下收集资料,如果需要通过改变某些影响因素(变量)来收集有关市场信息资料,就需要运用实验法。

问题:如果我们要调查一种新产品投入市场后,价格到底定多少合适,我们应该怎么办?

①让消费者填写问卷,会出现行为和想法不一致。
②向消费者进行访问,往往得不出所以然。
③运用观察法进行实地观察,无法了解消费者的内心世界。
④在这种情况下,最好的方法是将同种商品放在几家商场中,采取不同的定价,从而了解各自的销售情况。

这一方法就是实验法。

(2)实验法的适用范围

实验法最早应用于自然科学领域,人们通过实验来认识自然界的各种事物和现象。后来,随着经济的迅速发展和规模的不断扩大,逐渐应用于社会经济问题的研究,包括对市场现象的认识。

在市场调查中,有许多方面需要结合具体营销活动的开展(即实验活动)才能够收集到所需要的信息资料。我们把通过这种途径收集资料的过程称为实验法。实验法是一种既重要,又较为复杂的调查方法。

围绕企业市场营销活动的实际需要,实验法的适用范围主要包括:

①企业需要开发一种什么样的新产品?通过实验才能得到市场的认可。

②开发的新产品如何向市场推广?运用怎样的营销策略?需要通过市场实验。

③一种新产品如何定价?定多高合适?如何改变一种商品的价格(是降价还是涨价)?需要通过市场实验。

④产品运用什么方式进行促销?企业如何改变产品包装或品牌?这类活动都需要通过市场实验。

4)实验法的特点

①实践性。实验法是通过具体的实践活动来认识市场现象,收集有关资料。实验法既是一种实践过程,又是一种认识过程。

②动态性。即实验对象是处在不断运动和变化之中。

③综合性。在调查过程中,实验者除了进行实践活动改变实验对象外,还需要综合运用各种调查方法。

4.4.2 实验法的基本要素和步骤

1)实验法的基本要素

实验法包括5个基本要素:

①实验者。市场调查人员(调查者)是实验调查的主体。

②实验对象。即需要实验的某种市场现象。

③实验环境。即实验对象所处的市场环境,在一个什么样的环境下进行实验活动。

④实验活动。在一定的市场环境下,对实验对象进行改变的实践活动。

⑤实验检测。在实验过程中,对实验对象所作的检验和测定,即进行实验前后的对比。

2)实验法的步骤

①根据调查课题,提出实验设想。

②进行实验设计,确定实验方法。

③选择实验调查单位。

④进行实验活动。

⑤整理、分析资料,得出实验结论,并写出有关实验报告。

4.4.3 介绍几种主要的实验方法

1)实验室实验调查法

实验室实验调查法是在室内进行的实验调查方法,如选择什么样的广告媒体?广告的宣传效果如何?

2)销售区域实验调查法

销售区域实验调查法就是把少量新产品首先在少数有代表性的地区或单位进行试销,观察销售情况。在新产品向市场推广之前,一般通过选择在一定地区进行实验,收集有关数据。

需要考虑的问题:何时推广?何地推广?向谁推广?怎样推广?

3)单一实验组前后对比实验

(1)基本含义

只选择若干实验对象作为实验组,通过实验活动前后变化结果的对比得出实验结论。这是最简便的一种实验调查方法。

(2)举例

某商场准备对部分品牌彩电通过降价来提高销售量,为了检验降价对促销的效果,决定进行一个月的降价实验。

需要收集的有关资料:实验前销售量和实验后销售量,具体数据如表4.5。

表4.5 单一实验组前后对比表

品　牌	实验前销售量	实验后销售量	实验结果
品牌1	200	250	50
品牌2	150	180	30
品牌3	120	130	10
合　计	470	560	90

（3）实验结果

实验结果＝实验后销售量（后检测）－实验前销售量（前检测）

结论：降价后的一个月比降价前的一个月销售量增加了90台，其中品牌1的销售量增加最多，为50台。

（4）需要分析和明确的问题

①降价后的一个月，销售量的扩大与降价是什么关系？是不是因为降价的结果？

②是否还受到了其他环境因素的影响？

③单一实验组前后对比实验，只有在实验者能够排除其他非实验变量的影响，实验效果才能够充分成立。

4）实验组与对照组对比实验

（1）基本含义

选择若干实验对象作为实验组，同时选择若干与实验对象相同（或相似）的调查对象作为对照组，并使实验组与对照组处于相同的实验环境之中。只对实验组给予实验活动，对对照组不给予实验活动。

根据实验组与对照组的对比，得出实验结论。

（2）举例

某企业为了解食品改变包装后消费者的反映，采用实验组与对照组对比实验，选择A，B，C 3个商店为实验组，再选择与之条件、环境相似的D，E，F 3个商店为对照组。观察一周后，将两组进行对调再观察一周，其观察结果如表4.6。

表4.6　实验组与对照组对比表

商　店	原包装销售量		新包装销售量	
	第一周	第二周	第一周	第二周
A		3 500	4 000	
B		4 200	4 200	
C		5 000	5 600	
D	4 000			4 200
E	3 800			4 000
F	4 500			4 600
合　计	12 300	12 700	13 800	12 800

（3）实验结果

通过计算得出如下数据：

实验效果＝实验组后检测－对照组后检测

实验组后检测＝13 800＋12 800＝26 600（包）

对照组后检测＝12 300＋12 700＝25 000（包）

实验效果＝26 600－25 000＝1 600（包）

结论：通过实验组与对照组对比实验，改变食品包装后，在两周中，3 个商店的销售量增加了 1 600 包。

（4）实验的关键和注意的问题

①实验的关键。实验组与对照组应该具有可比性，两组应该在相同或相似的环境下才能够进行。

②应注意的问题。无法排除其他环境因素对实验对象的影响。

4.4.4 实验法应用中应注意的问题

1）实验者的必备条件

①思想活跃，具有一定的开拓意识和能力。

②具有求真务实的精神。

③具有一定的工作经验和灵活处理问题的能力。

2）实验对象和实验环境的选择

①在同类市场现象中有高度的代表性，避免有特殊优越条件的市场实验对象。

②对复杂的市场现象要有不同类型、不同层次的代表性。

③也可以按随机抽样，从调查对象总体中抽取实验对象。

3）对实验过程的控制

①严格按实验设计方案进行。

②排除或减少非实验活动的干扰。

③在不违背实验目的的前提下应有一定的灵活性。

4）实验效果的检测和评价

①实验检测必须具有科学性、统一性和可重复性。

②对实验结果的评价要实事求是，恰如其分，避免过分夸大宣传和盲目推广。

4.4.5　实验法的优缺点分析

1)优点

①能够直接掌握大量的第一手实际资料。

②能够揭示市场现象之间的相互关系。

③由于实验调查具有可重复性,因而实验结论具有较高的准确性和较强的说服力。

④有利于寻找解决市场问题的具体途径和方法。

2)缺点

①实验对象和实验环境的选择,难有充分的代表性。

②对实验过程难以进行充分有效的控制。

③对调查者的要求较高,花费时间较长。

④实验调查的结论总带有一定的特殊性,其应用范围是很有限的。

【做一做】

一、实训活动

项目一:设计市场调查问卷

◎ 目的

问卷调查是市场调查中常用的资料收集方法,调查问卷设计是否合理直接影响收集资料的准确性。通过自己亲自动手设计问卷,进一步把握问卷的构成、设计的技巧以及需要注意的问题。

◎ 要求

根据前面所选择的调查课题和所确定需要调查的内容,以小组为单位设计一份调查问卷。

◎ 工具

卡片、A4 白纸、钢笔。

◎ 程序

①熟悉和了解调查对象的基本情况,避免在设计问卷时出现一些含糊不清的问题和不符合客观实际的答案。

②小组每一名成员独立思考,并运用卡片法或框图法准备设计问卷初稿。

③组长负责将小组成员设计的问卷初稿集中,集思广益,形成小组的问卷初稿。

④把设计好的问卷初稿用于一次性调查,并及时发现问题。

⑤进一步修改并形成最后的问卷,用于正式的市场调查。

项目二:访问员模拟训练

◎ 目的

访问法是市场调查中常用的资料收集方法,通过模拟访问训练,提高学生在实地访问中处理问题的能力。

◎ 要求

根据前面所选择的调查课题和设计的调查问卷,模拟整个访问过程。

◎ 工具

问卷、访问提纲、钢笔、工作证明。

◎ 程序

①阅读问卷。访问员先认真阅读调查员手册或访问指南及其他与该项研究有关的材料,然后由访问指导者逐条对上述文件进行讲解提示,使访问员明确每个项目内容、回答类别及如何记录回答,明确访问中每一步工作及其对他们的要求。

②举行模拟访问。可在访问员之间一对一互相访问,也可找个实验点,让每个访问员实际操作一遍。

③集体讨论。结合模拟访问,全体访问员与访问指导者一起逐一复习和讨论问卷中所有问题,并将每一疑问加以解决。

④建立监督管理办法。将访问员的访问范围和访问对象进行分配,按地域或类型将访问员分成小组。

项目三:设计观察表格

◎ 目的

观察法是市场调查中常用的资料收集方法,通过设计观察表格,并根据表格实地观察,提高学生的观察能力和调查技巧。

◎ 要求

根据前面所选择的调查课题设计观察表格,观察要点清楚、观察认真仔细。

◎ 工具

问卷表格、钢笔。

◎ 程序

①设计观察表格。各小组以"如何观察超市营业员售货及服务"为题,设计观察表格。

②实地进行观察。各小组在超市,对照观察表格,观察超市营业员售货及服务

情况。

③集体讨论。结合观察结果,修改观察表格。

二、经典案例阅读

案例1

美国人口普查问卷

1.在 2010 年 4 月 1 日这天,在这个住宅、公寓、活动住房有几口人生活、居住?

——我们问这个问题的目的是想要得到 2010 年 4 月 1 日这一天准确的居民人口数。

2.2010 年 4 月 1 日这天是否有未包括在第一个问题内的其他人居住在这里?

——自从 1880 年起这个问题就包括在人口普查问卷当中,问这个问题的目的是确认没有包括在第一个问题中的人口。

3.这个住宅、公寓、活动房屋是:贷款购买的、现金购买的、租的还是免费居住?

——这个问题自 1890 年就包括在人口普查问卷中,目的是了解房屋拥有比率这个国民经济指标。

4.你的电话号码是多少?

——我们问这个问题是为了在必要的情况下与你联系,以便确认信息的完整和准确性。

5.请提供在这里居住的每一个人的有关信息:请从拥有这个住宅、公寓、活动住房的产权、或者交租金的人开始。如果产权人或者交租金者不在,请从任意一个成年人开始,这个人称为户内"第 1 人"。"第 1 人"以及户内其他人口的名字是什么?

——提供人口姓名可以保证信息的准确性,尤其在人口众多的家庭有时候问卷填表人会忘记准确的人口数。联邦法律保护个人隐私,包括姓名。

6.户内人口的性别?

——这个问题自 1790 年起就包括在人口普查问卷之中。这个问题很重要,准确的性别数据为联邦项目的资助、实施和评估提供依据,有助于促进男女平等的工作权力,也为社会学家、经济学家以及其他研究人员的社会经济趋势的研究提供数据。

7.户内人口的年龄和生日是什么?

——这个问题自 1800 年起就包括在人口普查问卷之中。联邦、州以及地方政府需要这个数据来分析社会经济特点,如预测社会保险、医疗保障的人数,以及用于规划、评估政府有关工作年龄人口、妇女儿童、老年人的政策和项目。

8.户内人口是拉美(或称拉丁、西班牙语)族裔吗?

——这个问题自1970年起就包括在人口普查问卷之中,目的是跟踪监督反歧视政策的实施情况,保障平等权益。州和地方政府还可以根据这个数据来为拉美裔人口规划双语教育的项目。【注:拉美裔并不是指人种】

9.户内人口是什么人种?

——这个问题自1800年起就包括在人口普查问卷之中,目的是确保各种族平等权利,以及各种族在健康、教育水平方面的差异,以便规划相应的公共开支。【注:人种包括白人、黑人、美国印第安人、亚洲人(包括印度、中国、日本、韩国、东南亚人等)、其他人种】

10.户内人口是否有时生活在别处?

——问这个问题的目的是要保证回答的完整性和准确性。

思考:美国人是如何进行人口普查? 有哪些值得我们借鉴的东西?

案例2

央视节目主持人白岩松专访世界最佳裁判科里纳

白岩松:您觉得在足球场上,裁判出错的话会怎样?

科里纳:错误是我们生活的一部分,运动员、教练员和裁判都可能出错。只要我尽力做了所有应该做的,应该被接受和理解的,包括受到错误裁判的一方。

白岩松:这么多年里,有没有俱乐部想给您钱来赢得比赛?

科里纳:我相信这只是童话。我在足球方面有很多经验,不仅是意大利的,还有国际比赛的,可以说从来没有发生这类事情。

白岩松:有人认为,球星拿钱很多,而裁判拿得太少,这不公平,您怎么看?

科里纳:足球真正主角肯定是球员。观众出钱观看比赛,看的是运动员的表现,而不是冲着裁判来的。为了能使裁判做好自己的工作,也应该给他们应有的报酬。但是裁判的报酬是绝对不应该和球员相比的。

白岩松:在比赛场上,您是权威,但在意大利,谁来监督您在场上的表现?

科里纳:和所有国家一样,意大利也有裁判委员会,它是由退役裁判组成,他们决定裁判的使用。每场比赛都有一名比赛监督。他要向裁判委员会汇报裁判在场上的情况,由裁判委员会加以评判,按照裁判场上的表现好坏决定他能否升级,能否做更高层次比赛的裁判。

白岩松:在场上如果您犯了错,会得到什么样的处理?

科里纳:显然要理解错误是什么性质的,如果是一时的身体不适,是体力状态的问题,那以后就当候补裁判。

白岩松:当地俱乐部会不会接待前来执法的裁判?

科里纳:不,这种事不会发生,是生活在没有足球环境中的人才能想象出来的,这是不可能发生的事情。

白岩松:在中国足球的职业联赛中,出现了裁判收俱乐部钱的问题,您觉得该怎样处理,这是个什么性质的问题?

科里纳:我不知道,也不相信。我说了,我这方面没有什么经验,这些事还要问这些事的人。我想说,不只是裁判,而且是对所有的人,腐败是最糟糕的事情,所以我觉得无法相信,无法容忍有这种情况,如果有,就一定要严惩不贷。

思考:以上专访采取的是什么形式? 他们之间谈到了什么话题? 在问与答上有哪些是你感兴趣的地方?

案例3

霍桑实验

霍桑实验是心理学史上最出名的事件之一。是在美国芝加哥西部电器公司所属的霍桑工厂进行的心理学研究,由哈佛大学的心理学教授梅奥主持。

霍桑工厂主要制造电话交换机,具有完善的娱乐设施、医疗和养老金制度,但工人们仍愤愤不平,生产成绩很不理想。为找出原因,美国国家研究委员会组织研究小组开展实验研究。

霍桑实验共分4个阶段:照明实验、福利实验、访谈实验和群体实验。

第一阶段:照明实验

当时的观点认为:工人生产效率低是因为疲劳和单调感等造成的。于是当时的实验假设便是"提高照明度有助于减少疲劳,使生产效率提高"。可是经过两年多实验发现,照明度的改变对生产效率并无影响。

具体结果是:当实验组照明度增大时,实验组和控制组都增产;当实验组照明度减弱时,两组依然都增产,甚至实验组的照明度减至0.06烛光时,其产量亦无明显下降;直至照明减至如月光一般、实在看不清时,产量才急剧降下来。研究人员面对该结果感到茫然,失去了信心。从1927年起,以梅奥教授为首的一批哈佛大学心理学工作者将实验工作接管下来继续进行。

第二阶段:福利实验

实验目的是:查明福利待遇的变换与生产效率的关系。经过两年多的实验发现,不管福利待遇如何改变(包括工资支付办法的改变、优惠措施的增减、休息时间的增减等),都不影响产量的持续上升,甚至工人自己对生产效率提高的原因也说不清楚。

后经进一步的分析发现,导致生产效率上升的主要原因如下:

1.参加实验的光荣感。实验开始时6名参加实验的女工曾被召进部长办公室谈话,她们认为这是莫大的荣誉。这说明被重视的自豪感对人的积极性有明显的促进作用。

2.成员间良好的相互关系。

第三阶段:访谈实验

研究者在工厂中开始了访谈计划。此计划的最初想法是:要工人就管理当局的规划和政策、工头的态度和工作条件等问题作出回答。但这种规定好了的访谈计划在进行过程中却大出意料之外,得到意想不到的效果。工人想就工作提纲以外的事情进行交谈,工人认为重要的事情并不是公司或调查者认为意义重大的那些事。访谈者了解到这一点,及时把访谈计划改为事先不规定内容,每次访谈的平均时间从30分钟延长到1~1.5小时,多听少说,详细记录工人的不满和意见。访谈计划持续了两年多。工人的产量大幅提高。

工人们长期以来对工厂的各项管理制度和方法存在许多不满,无处发泄,访谈计划的实行恰恰为他们提供了发泄机会。发泄过后心情舒畅,士气提高,使产量得到提高。

第四阶段:群体实验

梅奥等人在这个试验中是选择14名男工人在单独的房间里从事绕线、焊接和检验工作。对这个班组实行特殊的工人计件工资制度。实验者原来设想,实行这套奖励办法会使工人更加努力工作,以便得到更多的报酬。但观察的结果发现,产量只保持在中等水平上,每个工人的日产量平均都差不多,而且工人并不如实地报告产量。

深入的调查发现,这个班组为了维护他们群体的利益,自发地形成了一些规范。

他们约定,谁也不能干得太多,突出自己;谁也不能干得太少,影响全组的产量,并且约法三章,不准向管理当局告密,如有人违反这些规定,轻则挖苦谩骂,重则拳打脚踢。

进一步调查发现,工人们之所以维持中等水平的产量,是担心产量提高,管理当局会改变现行奖励制度,或裁减人员,使部分工人失业,或者会使干得慢的伙伴受到惩罚。这一试验表明,为了维护班组内部的团结,可以放弃物质利益的引诱。由此提出"非正式群体"的概念,认为在正式的组织中存在着自发形成的非正式群体,这种群体有自己的特殊的行为规范,对人的行为起着调节和控制作用。同时,加强了内部的协作关系。

思考:1.霍桑实验是怎样进行的？它经过了哪几个步骤？

2.通过这一实验,它给我们说明了什么问题？你从中受到了什么启示？

提示:1.人是社会人,是作为社会的一员而存在。一个人的思想、情绪和行为,无时无刻不在受着周围人的影响。人的积极性产生于和谐有益的社会关系之中。

2.生产条件的变化固然影响着劳动者的生产热情,但生产条件与生产效率之间并不存在着直接的因果关系。

3.生产条件并非是增加生产量的第一要素。

4.改善劳动者的士气、态度及人与人之间的关系,使人们心情快乐地工作并对自己的工作感到满足,这才是增加生产、提高效率的决定性因素。

5.非正式组织对领导效能起着重要的影响作用。

【任务回顾】

通过本任务的学习,使我们明确了直接调查的具体方法,包括问卷法、访问法、观察法和实验法。

在问卷法中,要求掌握问卷的基本结构和设计技巧,同时把握好调查问卷的发送方式,确保问卷能有效回收。

在访问法中,既要掌握访问法的基本类型,又要把握好访问的程序和技巧。

观察法和实验法同样是直接调查中的主要方法。

【关键词汇】

1.问卷法

问卷法又称问卷调查法,是调查者根据一定的调查目的和要求,通过事先设计好的调查问卷,进行资料收集的一种方法。

2.调查问卷

调查问卷又称调查表,是为了收集人们对某个特定问题的态度、价值观、观点或信念等信息而设计的一系列问题,它的形式是一份精心设计的问题表格。

3.访问法

访问法是指访问者通过交谈的方式有目的地向被访问者提出问题,通过被访问者的回答来收集市场信息、资料的一种方法。

4.结构式访问

结构式访问又称标准化访问,是按照事先设计好的、有一定结构的访问问卷进行的访问,这是一种由访问者高度控制的访问。

5.无结构式访问

无结构式访问又称非标准化访问,是指事先不制订统一的访问问卷,只根据访问的目的列出粗线条的提纲,由双方根据提纲自由交谈。

6.观察法

观察法是指观察者(即市场调查人员)根据调查的课题,利用眼睛、耳朵等感觉器官和其他科学手段,有目的地收集所需资料的调查方法。

7.实验法

实验法是指实验者有目的、有意识地通过改变或控制一个或几个市场影响因素(变量)的实践活动,来观察市场现象在这些因素影响下的变动情况,从而认识市场现象的本质和变化规律。

【任务检测】

一、单项选择题

1.下面不属于直接调查法的是(　　　)。

　　A.访问法　　　　　B.观察法　　　　　C.实验法　　　　　D.文案法

2.调查者根据一定的调查目的和要求,通过事先设计好的调查问卷,进行资料收集的一种方法称为(　　　)。

　　A.问卷法　　　　　B.访问法　　　　　C.观察法　　　　　D.实验法

3.访问者通过交谈的方式有目的地向被访问者提出问题,通过被访问者的回答来收集市场信息资料的一种方法是(　　　)。

　　A.问卷法　　　　　B.访问法　　　　　C.观察法　　　　　D.实验法

4.一种由访问者高度控制的、按照事先设计好的、有一定结构的访问问卷所进行的访问是(　　　)。

　　A.结构式访问　　　　　　　　B.半结构式访问

　　C.无结构式访问　　　　　　　D.非结构式访问

5.按照事先拟订好的访问大纲或问卷提问,但不一定按问题顺序进行提问的访问形式是(　　　)。

　　A.结构式访问　　　　　　　　B.半结构式访问

　　C.无结构式访问　　　　　　　D.非结构式访问

6.市场调查人员根据调查的课题,利用眼睛、耳朵等感觉器官和其他科学手段,有目的地收集所需资料的调查方法是(　　　)。

　　A.问卷法　　　　　B.访问法　　　　　C.观察法　　　　　D.实验法

7.通过改变或控制一个或几个市场影响因素来观察市场现象在这些因素影响下的变动情况,从而收集资料的方法是( )。

    A.问卷法   B.访问法   C.观察法   D.实验法

二、多项选择题

1.一份正式的调查问卷一般包括的几个部分是( )和其他资料。

    A.封面信   B.指导语   C.问题与答案   D.结束语

2.自填式问卷,依据发送方式的不同分为( )。

    A.发送问卷   B.邮寄问卷   C.网络问卷   D.自填问卷

3.封闭式问题的主要表现形式有( )。

    A.填空式   B.是否式   C.多项选择式   D.表格式

4.按访问者与被访问者的交流方式划分,访问法包括的类型有( )。

    A.直接访问   B.间接访问   C.个别访问   D.集体访问

5.按访问者对访问过程的控制程度划分,访问法包括的类型有( )。

    A.结构式访问   B.半结构式访问

    C.无结构式访问   D.非结构式访问

6.掌握和运用好接近被访问者的方法很重要,常用的方法有( )。

    A.自然接近法   B.正面接近法

    C.求同接近法   D.友好接近法

7.根据观察者是否参加到被观察者的具体活动中来划分,观察法包括( )。

    A.参与观察   B.非参与观察

    C.结构式观察   D.无结构式观察

8.实验法包括的基本要素有( )和实验检测。

    A.实验者   B.实验对象   C.实验环境   D.实验活动

三、判断题

1.问卷中的指导语,是用来指导被调查者如何填写问卷的一组文字说明。

          ( )

2.开放式问题就是调查者想怎么问就怎么问的问题。   ( )

3.相倚问题,就是根据前一个问题来决定后一个问题的回答,而且只适用于一部分被调查者回答的问题。   ( )

4.一份问卷中到底应该包含多少个问题是有统一标准的。   ( )

5.访问法的基本特点可以归纳为:口问、耳听、手记。   ( )

6.集体访问通常采取的形式是开座谈会。   ( )

7.通过实验法收集资料是一种有目的、有意识的活动,这种活动是通过改变或控制一个或几个市场影响因素(变量)来进行的。 (　　)

四、问答题

1.在问卷设计时应遵循的原则与步骤是什么?

2.在问卷设计中,有关问题表述和提问应该遵循哪些常用规则?

3.在答案设计中,需要注意哪些问题?

4.在运用访问法进行调查时,作为访问者需要具备哪些条件?

5.观察法应用的原则和要点分别是什么?

6.在市场调查中为什么要用到实验法?

五、实务题

1.结合同学们所选择需要调查的商品市场,以小组为单位,拟订向消费者调查的问卷。

2.编写对销售人员(营业员)的访问提纲和对卖场的观察提纲。

任务 5
我们应该怎样调查（二）

 任务目标

1.掌握文案法的概念和资料来源。

2.明确间接资料选择的基本原则。

3.掌握网上收集调查资料的方法和途径。

 实训项目

1.设计市场调查方案。

2.组织市场调查活动。

 学时建议

1.知识性学习 8 学时。

2.间接资料的收集 4 学时。

3.完成实训项目 10~12 学时。

【导学语】

间接调查就是从各种文献档案中收集现成资料为我所用,也是市场调查中收集资料的基本方法之一,特别是在互联网和传媒迅速发展的今天,运用网络途径进行资料收集能够达到"事半功倍"的效果。

什么是间接调查?收集第二手资料有用吗?

我们怎样通过网络进行调查?

案例导入

格林斯潘的成名作

格林斯潘——美联储前主席,开创了美国历史上最长的经济上升期,对美国的经济繁荣作出了卓越的贡献,被《纽约时报》喻为美国经济的"火车司机"。在他还只是一名学生的时候,就做出了一份令人刮目相看的调查报告,为其以后的人生辉煌打下了坚实的基础。那是 1950 年,朝鲜战争爆发,美国五角大楼把所有的军用物资购买计划列为保密文件,包括美国国家工业联合会在内的投资机构都想了解美国政府对原材料的需求量,从而来预测备战计划对股市的影响。这在平时只要翻看有关的文件就行了,但在战时已经不可能了。所以,在人才济济的美国工业联合会里没有人愿意调查这一切。有个年轻的兼职调查员自告奋勇,他就是当时还是纽约大学学生的格林斯潘,老板实在找不到其他人,只能让他试试。

格林斯潘是怎么开展调查的呢?他首先想到了 1949 年,朝鲜战争还没有爆发,军事会议还没有保密。于是他花费大量精力研究一年来的新闻报道和政府公告,了解到 1949 年和 1950 年美国空军的规模和装备基本一致。他又从 1949 年的记录中了解到每个营有多少架飞机、新战斗机的型号、后备战斗机的数量,然后再预计出损耗量,从而预测出战争期间每个型号战斗机的需求量。格林斯潘又找来各种飞机制造厂的技术报告和工程手册进行仔细研读,弄清了每个型号的战斗机需要的原材料。综合两方面的调查,格林斯潘算出了美国政府对原材料的总需求量。由于他计算出的数字非常接近当时美国政府保密文件里的数字,这给投资者带来了丰厚的回报,格林斯潘也引起了人们的关注。

思考:1.格林斯潘运用怎样的方法来收集资料?这种方法有用吗?

2.人们在购物之前,往往通过哪些途径收集有关商品信息?对于企业的广告宣传是否相信?

【学一学】

5.1 如何进行间接调查

5.1.1 对间接调查的理解

1)间接调查的定义

①间接调查,又称文案法,顾名思义,就是对间接资料的收集和整理。间接调查是指通过对市场中已有的真实可靠的文献资料的收集、整理、分析的一种调查方法。

②间接资料,也称第二手资料、现成资料,是指从各种文献档案中收集的资料。

2)间接调查的特点

①间接调查是收集别人已经调查的,经过加工的第二手资料,而不是到现场收集原始资料(或称为第一手资料)。

②间接调查只是通过查阅文献资料进行资料收集,受外界因素的干扰较小。

③与直接调查获取第一手原始资料相比,间接调查取得第二手资料更加方便、快捷,费用也相对较低。

④向有关机关、部门或单位查阅资料时,因为保密性而无法取得所需要的资料。

提示 在传媒迅速发展的今天,间接资料也是重要的信息源。

5.1.2 间接调查的资料来源

间接调查以查阅书面文字资料为主。可查阅的文献资料主要包括:图书、期刊、报纸、科研报告、会议文件、情况简报、经济与统计年鉴、学术论文、专利或档案文献、图片、录音、录像、电影、幻灯片等。

从信息来源的角度进行划分,包括企业内部资料和企业外部资料。

1)企业内部资料

企业内部资料,是指存在于企业内部的现成资料,主要是由所调查企业的各经营环节、各管理部门和各层次产生并发出的。

对于内部资料的收集相对比较容易,调查费用低,调查的各种障碍少,而且能够正确把握资料的来源和收集过程。主要资料包括:

①业务资料。主要包括与调查对象活动有关的各种资料,如订货单、进货单、发货单、合同文本、发票、销售记录、业务员访问报告等。

通过对这些资料的了解和分析,可以掌握企业所生产和经营的商品的供应情况,以及分地区、分用户的需求变化情况等。

②统计资料。企业统计资料是研究企业营销活动数量特征及规律的重要定量依据,也是企业进行预测和决策的基础。

统计资料主要包括各类统计报表,企业生产、销售、成本、库存等各种数据资料,各类统计分析资料等。从这些对生产、销售、成本以及分布地区的分析中,可以检验各种因素的变化情况。

③财务资料。财务资料是由企业财务部门提供的各种财务、会计核算和分析资料,包括生产成本、销售成本、各种商品价格及经营利润等。

通过对这些资料的研究,可以确定企业的发展背景,考核企业的经济效益。

④企业积累的其他资料。包括来自企业领导决策层的各种规划方案、企业自己做的专门审计报告,以及以前的市场调查报告、平时剪报、经验总结、顾客意见和建议、同业卷宗、有关照片和录像等。这些资料对市场研究有着一定的参考作用。

2)外部资料来源

企业外部资料是指存在于企业外部各种信息源上的资料,主要的资料来源有以下几个方面:

①统计部门以及各级、各类政府主管部门公布的有关资料。国家统计局和各地方统计局都定期发布统计公报等信息,并定期出版各类统计年鉴,内容包括人口数量、国民收入、居民购买力水平等,这些都是很有权威和价值的信息。另外,计委、财政、工商、税务、银行等各主管部门和职能部门,也都设有各种调查机构,定期或不定期地公布有关政策、法规、价格和市场供求等信息。

②各种经济信息中心、专业信息咨询机构、各行业协会和联合会提供的信息和有关行业情报。这些机构的信息系统资料齐全,信息灵敏度高,是同行业企业资料的宝贵来源。

③国内外出版单位提供的书籍、报刊、杂志,包括各种统计资料、广告资料、市

场行情和各种预测资料等。

④在线数据库及研究机构的调查报告。存放在世界各地的服务器上的文章与报告的数据库可用计算机与调制解调器容易地搜索到,借助与国际互联网可以很方便地进入某些数据库,搜集所需要的现有的资料。

5.1.3　间接资料选择的基本原则与实施步骤

1)间接资料选择的基本原则

①相关性原则。根据要求,选择与调查主题切实相关的资料。

②时效性原则。间接资料大多数是历史性资料,必须考虑资料的时间背景。

③系统性原则。在现有资料的基础上,进行必要的加工处理。

④经济效益原则。间接资料调查的最主要优点是省时省钱,如果费用支出过高,调查周期过长就失去了它的优势。

2)间接调查的实施步骤

为了能够使间接调查顺利地取得成效,在实际操作过程中,一般应按照以下步骤进行:

①明确间接调查的目的。进行间接调查的第一步工作就是调查者需要明确所收集资料要达到的目的是什么,或向委托方详细询问调查的要求,获取资料后的用途、目的等内容,确定文案调查的目的。

②制订调查计划。在明确调查目的后,调查人员应按照具体要求对调查工作做详细的部署,制订完善的调查计划。

制订间接调查计划要考虑的主要问题有:调查目标是什么,优先顺序如何;可能使用的资料及来源有哪些;预计调查所需时间及最后完成日期;调查成本的估算;调查工作的安排及人员分配情况等。

③运用文案法进行资料收集。资料的收集可以从寻找一般性可供利用的相关资料开始,逐步延伸至专门性资料,也可以事先取得充足的相关资料,再进行筛选。一般情况下,当着手一个正式调查项目时,调查人员首先寻找的是向他提供总体市场概况的文案资料,包括基本特征、一般结构、发展趋势和交易情况等。随着调研的深入,资料的选择性和详细程度会越来越细。

④资料的筛选和评估。资料收集后,调查人员应该根据课题研究需要,进行筛选。资料筛选的目的是:去伪存真、去粗取精,并将资料整理成统一的形式。

资料的评估,是对资料的切题性、准确性、时效性和经济性的评价。即检查所有的资料是否与调查的目的相吻合,避免内容夸张、失实和信息被歪曲现象的发生,判断资料是否深入,是否有实质性的内容以及资料获取后是否方便快速处理等。经过筛选再加以重点摘要之后,资料便进入了可使用状态。

⑤资料的调整与衔接。间接调查通常使用两种以上的文书档案,资料之间可能有脱节和矛盾,也可能有互补。调查人员应以自己的专业知识及判断能力对评估后的资料进行调整、衔接。同时,作为市场调查的一种辅助手段,应与直接调查所收集资料进行配合与衔接,使各种资料能得到充分利用,并发挥资料间的互补作用。

5.2 如何进行网上调查

网上调查的适用范围随着计算机和国际互联网应用的普及逐渐显示出来。网上调查将成为 21 世纪应用领域最广泛的调查方法之一。

提示 网上调查是资料收集的一种重要途径。

5.2.1 对网上市场调查的理解

1)网上市场调查的定义

网上市场调查,是指在互联网上针对特定营销环境进行简单调查设计、收集资料和初步分析的活动。

（1）市场调查资料的收集方式

①直接到实地或现场收集第一手资料,如通过问卷法、访问法、观察法等所收集的资料。

②通过文案法间接地收集第二手资料,如报纸、杂志、电台、调查报告等现成资料。

（2）网上市场调查资料的收集方式

①网络直接调查。利用互联网直接进行问卷调查、网上访问等方式收集第一手资料。

②网络间接调查。利用互联网的媒体功能,从互联网收集第二手资料。

由于越来越多的传统报纸、杂志、电台等媒体,还有政府机构、企业等也纷纷上网,因此,网上成为信息海洋,信息蕴藏量极其丰富,如何发现和挖掘有价值信息是关键。

2)网络市场调查的特点

①及时性。网络调查是开放的,任何网民都可以进行投票和查看结果,而且在

投票信息经过统计分析软件初步自动处理后,可以马上查看到阶段性的调查结果。

②便捷性。实施网上调查节省了传统调查中耗费的大量人力和物力。

③交互性。在网上调查时,被调查对象可以及时就问卷的相关问题提出自己更多的看法和建议,可减少因问卷设计不合理导致调查结论的偏差。

④无时空、地域限制。网上市场调查是 24 小时全天候的调查,这就与受区域制约和时间制约的传统调研方式有很大不同。

5.2.2 网上直接调查

网上直接调查,是指利用互联网直接进行问卷调查等方式收集第一手资料,主要采用站点法辅助以电子邮件法通过 Internet 直接进行。

与传统的市场调查相同,进行网上调查首先要确定调查的目标、方法、步骤,在实施调查后要分析调查的数据和结果,并进行相关的定量分析和定性分析,最后形成调研结论。

1)网上直接调查的特点

①网上直接调查的突出特点是:时效性和效率性很高,初步调查结果可以在调查过程中得出,便于实时跟踪调查过程,分析深层次原因。

②与一般调查方法相比,网上直接调查可以节省大量调查费用和人力,其费用主要集中在建立调查问卷网页的链接方面。

③网上直接调查的不足之处是:被调查对象难以控制和选择,不一定能满足调查样本要求,有时甚至可能出现样本重复,调查数据不真实,以及调查数据无法进行抽样核实。

因此,有效可靠的网上直接调查方法还需要进一步从技术上、方法上和控制上进行完善。

2)网上直接调查的方式

(1)利用自己的网站

网站本身就是宣传媒体,如果企业网站已经拥有固定的访问者,完全可以利用自己的网站开展网上调查。

(2)借用别人的网站

借用别人的网站包括访问者众多的网络媒体提供商(ICP)或直接查询需要的信息。这种方式比较简单,企业不需要建设网站和进行技术准备,但必须花费一定费用。

（3）混合型

将企业自己的网站与一些著名的 ISP/ICP 网站建立广告链接，以吸引访问者参与调查，这种方式是目前常用的方式。

（4）E-mail 方式

直接向潜在客户通过 E-mail 方式发送调查问卷。这种方式比较简单直接，而且费用非常低廉。但要求企业必须积累更多的、有效的客户 E-mail 地址。

3）网上直接调查的方法

（1）电子邮件问卷

以较为完整的 E-mail 地址清单作为样本框，使用随机抽样的方式通过电子邮件发放问卷，并请调查对象以电子邮件的形式反馈答卷。

这种调查方式较具定量价值。在样本框较为全面的情况下，可以将调查结果用来推论研究总体，一般用于对特定群休网民多方面的行为模式、消费规模、网络广告效果、网上消费者消费心理特征的研究。

（2）网上焦点团体座谈

直接在上网人士中征集与会者，并在约定时间利用网上视频会议系统举行网上座谈会。该方法适合于需要进行深度或探索性研究的主题，通过座谈获得目标群体描述某类问题的通常语言、思维模式以及理解目标问题的心理脉络。该方法也可与定量电子邮件调查配合使用。

（3）在网站上设置调查专项

在那些访问率高的网站或自己的网站上设置调查专项网页，访问者按其个人兴趣，选择是否访问有关主题，并以在线方式直接在调查问卷上进行填写和选择，完成后提交调查表，调查即可完成。

此方式所获得的调查对象属于该网页受众中的特殊兴趣群体，它可以反映调查对象对所调查问题的态度，但不能就此推论一般网民的态度。

调查专项所在网页的访问率越高，调查结果反映更大范围的上网人士意见的可能性也越大。因此，为获取足够多的样本数量，一般设计成调查问卷的网页都要与热门站点进行直接链接，如 CNNIC 的网上调查就与国内著名的站点进行了链接。

由于网上调查的数据可以保存到数据库中，调查对象在填写完调查表后，一般就能看到初步的调查结果。这种调查方式适用于对待某些问题的参考性态度研究。目前，许多 Web 站点都是通过设置调查专页以征询用户意见，了解受众需求。

在实施网上调查时,应充分利用多媒体技术,在调查问卷上附加多种形式的背景资料,可以是文字、图片、图像或声音资料。例如,对每个调查指标附加规范的指标解释,便于调查对象正确理解调查指标的含义和口径,这对于市场调查和民意调查是一项十分重要的功能。

4)网上直接调查的步骤

(1)确定网上调查的目标

Internet 作为企业与顾客有效的沟通渠道,企业可以充分利用该渠道直接与顾客进行沟通,了解企业的产品和服务是否满足顾客的需求,同时了解顾客对企业潜在的期望和改进的建议。

(2)选择调查方式

选择调查方式包括:是利用自己的网站,还是借用别人的网站,或者运用 E-mail 方式等。网上调查吸引访问者积极参与是关键,为提高受众参与的积极性可提供免费礼品、调查报告等。

(3)确定调查方法和设计问卷

网上直接调查时,采用较多的方法是被动调查方法,将调查问卷放到网站等待被调查对象自行访问和接受调查。因此,吸引访问者参与调查是关键,为提高受众参与的积极性可提供免费礼品、调查报告等。另外,必须向被调查者承诺并且做到有关个人隐私的任何信息不会被泄露和传播。

(4)对资料进行整理

这一步骤是市场调查能否发挥作用的关键,可以说与传统调查的结果分析类似,也要尽量排除不合格的问卷,这就需要对大量回收的问卷进行综合分析和论证。

(5)分析调查结果

在对资料进行分类和归类之后,需要对资料进行分析、比较,从中发现资料中反映出的具体问题。

(6)撰写调查报告

撰写调查报告是网上调查的最后一步,也是调查成果的体现。撰写调查报告主要是在分析调查结果的基础上对调查的数据和结论进行系统的说明,并对有关结论进行探讨性的说明。

5)网上直接调查应注意的问题

(1)注意信息采集的质量检控

对采集信息实施质量检控,可以采用"IP+若干特征标志"的办法作为判断被调查者填表次数唯一性的检验条件。同时,在指标体系中,所有可以肯定的逻辑关系和数量关系都应充分利用,列入质量检控程序。

(2)答谢被调查者

给予被调查者适当的奖励和答谢对于网上调查来说是十分必要的,这既有利于调动网上用户参与网上调查的积极性,又可以弥补因接受调查而附加到被调查者身上的费用(如网络使用费、市内电话费等)。答谢的有效办法是以身份证编号为依据进行计算机自动抽奖,获奖面可以适当大一点,但奖品价值可以尽量小一些。

(3)了解市场需求

设想您就是顾客,从他的角度来了解客户需求。您的调查对象可能是产品直接的购买者、提议者、使用者,对他们进行具体的角色分析。

(4)网上直接调查的局限性

如果是有关具体产品时,往往采用详细调查的方式,详细调查针对小的客户群体,调查时需要面对面进行访谈,得到的信息更准确,调查结果包含的多是"为什么"的问题,因此,目前还不适合用网上调查方法。

5.2.3 网上间接调查

网上间接调查,是指利用互联网的媒体功能,在网上收集、加工与处理分析二手资料,使其成为有价值的商业信息。

1)网上间接信息来源

间接信息的来源包括企业内部信息源和企业外部信息源两个方面。

(1)企业内部信息源

企业内部信息源主要是企业自己搜集、整理的市场信息、企业产品在市场销售的各种记录、档案材料和历史资料,如客户名称表、购货销货记录、推销员报告、客户和中间商的通信等。

(2)企业外部信息源

①本国政府机构网站。政府有关部门、国际贸易研究机构以及设在各国的办

事机构,通常较全面地搜集世界或所在国的市场信息资料。本国的对外贸易公司、外贸咨询公司等,也可以提供较为详细、系统、专门化的国际市场信息资料。

②外国政府网站。世界各国政府都有相应的部门搜集国际市场资料,很多发达国家专设贸易资料服务机构,向发展中国家的出口企业提供部分或全部的市场营销信息资料。此外,每个国家的统计机关,都定期发布各种系统的统计数据,一些国家的海关甚至可以提供比公布的数据更为详尽的市场贸易和营销方面的资料。

③图书馆。公共图书馆和大学图书馆,至少可以提供市场背景资料的文件和研究报告。最有价值的信息,往往来自附属于对外贸易部门的图书馆,这种图书馆起码能提供各种贸易统计数字、有关市场的产品、价格情况,以及国际市场分销渠道和中间商的基本市场信息资料。

④国际组织。与国际市场信息有关的组织主要有:联合国、国际贸易中心、国际货币基金组织、世界银行、世界贸易组织,以及国内外一些大的银行等。

⑤商情调研机构。这些机构除为委托人完成研究和咨询工作外,还定期发表市场报告和专题研究论文。

⑥相关企业。参与市场经营的各类企业是市场信息的重要来源之一。通过Internet访问相关企业或者组织机构的网站,企业可以很容易获取市场中的许多信息和资料。

2)网上间接调查方法

在网上收集所需要的信息可采用以下几种方法:

(1)利用搜索引擎

搜索引擎(Search Engine)是 Internet 上的一种网站。每个搜索引擎都提供了一个良好的界面,当用户在查询栏中输入所需查找信息的关键字,并按"搜索"按钮时,搜索引擎将在索引数据库中查找包含该关键字的所有信息,最后给出查询结果,同时提供该信息的超级链接。

(2)访问专业信息网站

这也是网上收集市场信息的一种重要途径。通常这些专业信息网站都是由政府或一些业务范围相近的企业或某些网络服务机构开办的,如中国广告信息网、中国商品交易市场、中国粮食贸易网、中国机电工业网,等等。

(3)通过用户网(Usenet)获取商业信息

随着 Internet 的发展,一些商业机构或企业迅速进入 Usenet 时,使其逐渐丧失其非商业化的初衷,各种商业广告散布其中,纯商业性的讨论组也大量涌现,因此,通过这类 Usenet 获取商业信息也是途径之一。如 www.dejanews.com 是 Web 界面的新闻组,带有查询功能。在 Dejanews 中,集中了一万多个讨论组,用户可以很方便地搜索自己所需要的信息。

(4)利用网上论坛(BBS)获取商业信息

在 Internet 日趋商业化的今天,能够吸引无数上网者的 BBS 当然也会成为商业活动的工具,如今网上有许多商用 BBS 站点,如网易 BBS 站点。另外还有一些网络服务机构在网站上开设了商务讨论区,如金桥信息网和中国黄页供求热线。

5.3 如何设计市场调查方案

在确定了一项市场调查活动的具体问题——包括调查什么、向谁调查、怎样调查之后,在实际开展市场调查活动之前,需要对如何开展这次调查活动进行谋划,即制订市场调查方案。只有制订出周密的调查方案,才能够得到领导的同意和批准,才能够保证调查活动的顺利进行。

案例导入

武汉市放心早餐工程市场调查方案

一、调查目的

1.了解武汉居民对早餐的消费需求情况。

2.了解武汉居民对目前早餐(包括品种、味道、价格、消费环境和卫生情况等)方面的看法。

3.了解武汉居民对早餐消费需求上的一些建议。

4.了解早餐摊点的经营情况和存在的问题。

5.针对武汉居民的购买习惯和居民区的分布情况,确定合理的网点布局(包括选址、开店规模)。

6.结合武汉居民早餐消费需求,确定有效的营销手段和促销方式。

二、调查范围

1.目标区域:武汉市青山和汉口片区,主要集中在青山红钢城、江岸、江汉和桥口区域。

2.调查对象:

(1)武汉市居民 500~1 000 人。

(2)武汉市早餐经营户(包括固定门面和临时摊点)30~50 家。

三、调查类型和方式

1.调查类型:描述性调查和因果性调查相结合。

2.抽样条件:

(1)市区常住人口。

(2)年龄在18~65岁。

(3)经常在外吃早餐。

3.调查方式:

(1)对武汉居民采取非随机抽样中的偶遇抽样和分城区采取定额抽样。

(2)对早餐经营户采取重点调查和典型调查结合。

四、调查方法

1.居民采取结构式访问(事先设计标准问卷并按一定要求进行访问)。

2.早餐经营户采取访问法和观察法相结合(拟定访问提纲和观察提纲)。

3.运用观察法对早餐网点布局进行合理判断。

4.有礼品赠送更好。

五、时间和费用安排

1.本次调查一共需要15个工作日,从2012年11月1日开始,到2012年11月15日结束。

2.费用预算合计(略),其中:

(1)问卷设计费用(略)。

(2)问卷制作费用(略)。

(3)调查费用(略)。

(4)资料的整理、分析和总结费用(略)。

六、调查人员的选择

通过选拔、培训确定10人,每人负责自己的调查对象。

思考:以上的调查方案是从哪些方面来考虑的?具体包括哪些方面的内容?

5.3.1 如何理解市场调查方案

1)什么是市场调查方案

市场调查方案就是在对一项调查的程序和实施的具体问题进行详细、全面的考虑后,制订出一个书面的总体计划和切实可行的大纲。

2)应该如何理解市场调查方案

①拟订调查方案之前,需要对调查过程中的具体问题进行详细、全面地考虑。

②调查方案要切实可行。

③需要用书面形式表现出来,经过领导的审批才能付诸实施。

5.3.2　市场调查方案包括哪些内容

1)说明调查的目的、意义和调查课题

(1)调查的目的和意义

为什么要进行这次调查? 通过本次调查要达到什么目的? 在调查方案中要写清楚。

如:通过对本校学生在校情况的调查,进一步了解在校学生的实际情况,便于学校有针对性地进行管理和引导,真正做到因材施教。

(2)调查课题

调查课题,又称调查题目或市场研究项目,是指一项正式调查所要说明或解决的问题。

如:对武汉市超市经营情况的调查,或对本校营销和物流专业学生情况的调查。

(3)调查内容的基本框架

将所要调查内容的项目用框架的形式表述出来。

2)调查范围和分析单位

(1)调查范围

说明在哪些地区、哪些城市或社区进行调查。例如:在武汉市中心城区进行调查。

(2)分析单位

分析单位是个人、组织还是群体。

3)确定调查的类型、方式和方法

(1)调查类型

按调查的目的和作用划分,包括的调查类型有:探索性调查、描述性调查、因果性调查和预测性调查,属于哪一种类型在调查方案中要明确。

(2)调查方式

怎样确定调查对象? 是采取普查、重点调查、典型调查还是抽样调查确定调查对象。

(3)调查方法

通过什么形式收集有关资料？是采取问卷法、访问法、观察法还是实验法，等等。

(4)对调查资料的分析方法

是定性分析、定量分析，还是两者相结合。

4)制订抽样方案,确定抽样方法

如果是抽样调查,需要说明下列问题:
①所要面对的调查总体是什么?
②采用何种抽样方法抽取样本?是随机抽样还是非随机抽样?
③无论是随机抽样还是非随机抽样,需要运用什么抽样方法?
④需要抽取多少样本?即调查规模的确定,也就是需要调查多少人。

5)确定调查内容,设计调查表格或调查提纲

①调查的内容是什么?
②问卷需要设计哪些内容?
③需要访问哪些内容?
④需要观察什么?

6)确定调查的场所、时间和进度安排

(1)运用什么方法在什么地方进行调查

问卷调查将进入哪些家庭?哪些单位?访问法在什么地方进行?在哪些商场门前?哪些主要街道?

(2)调查时间的安排

调查从何时开始,到何时结束,具体时间是如何安排的。

(3)调查进度的安排

包括每次访问多少人,观察多少商场,在多少天内完成任务等。

7)调查经费和物质手段的计划和安排

(1)作出调查经费的预算开支

对经费的使用作出规划与安排。调查经费项目包括:调查人员的差旅费、资料

费、调查表格的编制费以及印刷费、劳务费、文具费、资料的处理费用等。

（2）物质手段

物质手段包括调查工具、设备及资料加工整理的手段。

8）调查人员的选择、培训和组织

在编写调查方案时,事先应对整个调查过程有比较周密、细致的考虑,尽量考虑到各种可能出现的问题,以及相应的对策,保证调查工作的顺利进行。

5.3.3 调查方案实例

案例1

某品牌香烟市场调查方案

一、调查目的

1.了解香烟的主要进货、销售渠道与销售方式。

2.把握一般烟草生产商的常规宣传与促销方式。

3.分析城市烟民对烟草品牌与生产商的认知情况。

4.掌握烟民对各种香烟品牌的态度。

5.分析烟民的香烟消费行为与消费特点。

6.各城市烟民和烟草销售方面的市场特点及其差异比较分析。

二、调查范围

1.目标区域:北京市八大城区

2.调查对象

（1）香烟经销商90家。

（2）大商场、专营店、中小食品店（包括街头店）、烟摊。

三、调查方式

1.抽样条件

（1）男性。

（2）市区常住人口。

（3）年龄18~60岁。

（4）每天平均抽烟10支以上。

2.抽样方式:分城区作配额随机抽样。

3.赠送礼品:每个样本赠送一盒本品牌香烟。

四、调查方法

1.烟民消费情况问卷调查(600人)

上海、广州、武汉(每市):100人;北京市:300人。

2.烟民座谈会(4组)

事先拟订讨论提纲,针对一些问题作深入探讨,主持人注意把握主题和讨论气氛、节奏。上海、广州、武汉(每市):1组(9人);北京市:2组(18人)。

3.文献调查:利用有关部门、机构的现存资料进行资料收集、整理与分析。

五、时间和费用安排

1.本次调查一共需要25个工作日。

2.费用预算

(1)烟民调查问卷、深度访谈提纲及座谈提纲的设计4 000.00元。

(2)问卷鉴别、各类访员的培训与调查组织、实施1 000.00元。

(3)烟民问卷调查费用600(人)×60(元/人)=36 000.00元。

(4)经销商深度访谈调查费90(家)×200(元/家)=18 000.00元。

(5)座谈会4(组)×3 500(元/组)=14 000.00元。

(6)调查抽样费600(人)×5(元/人)+90(家)×10(元/家)=3 900.00元。

(7)合计费用:76 900.00元。

案例2

对武汉市超市经营情况的调查方案(学生习作)

一、调查的目的、意义

通过本次市场调查活动,一方面巩固市场调查课程所学知识,提高实际操作能力,熟练掌握市场调查的方法与技巧,锻炼自己的心理素质和胆量,提高人际交往和沟通能力和水平,真正做到理论与实际紧密结合;另一方面,为了进一步了解武汉市超市的经营情况及消费者对超市的购买需求。

二、调查范围和分析单位

1.调查范围:武汉市中心城区的各超市。

2.分析单位:具体超市、营业员、消费者。

三、调查的类型、方式和方法

1.调查类型:探索性调查、描述性调查。

2.调查方式

(1)超市:重点选择几家主要超市。

(2)顾客和营业员:抽样调查中的主观抽样和偶遇抽样。

3.样本数量:以小组为单位进行调查

(1)每小组调查 3 家超市。

(2)每名同学访问 20 名顾客和 10 名营业员。

4.调查方法

(1)超市:主要运用观察法。

(2)顾客:运用问卷法,采取半结构式访问。

(3)营业员:运用访问法,事选拟定访问提纲,采取无结构式访问。

四、调查内容的基本框架

1.了解超市目前的经营情况。

2.了解超市的商品经营结构。

3.了解超市的商品促销情况。

4.了解超市的商品陈列情况。

5.了解营业员的售货和服务质量情况。

6.了解顾客的购买力、购买心理及购买行为。

五、调查的场所、时间和进度安排

1.调查时间及进度安排

(1)6 月 1 日:易初莲花店,每人访问 3 名营业员,10 名顾客。

(2)6 月 3 日:家乐福武胜路店,每人访问 3 名营业员,10 名顾客。

(3)6 月 6 日:中百仓储唐家墩店,每人访问 5 名营业员,15 名顾客。

2.组织方式

组长负责召集小组成员,从学校出发到调查地点。

3.小组成员(略)。

【做一做】

一、实训活动

项目一:设计市场调查方案

◎ 目的

市场调查方案是对市场的程序和实施过程进行详细、全面的考虑所制订出一个总体的书面计划。通过对市场调查方案的设计,对市场调查活动有一个整体的考虑和规划,为后面进行实际调查活动提供有力保证。通过前面的理论学习,在进行实际调查之前,需要拟订一个较为周密的市场调查方案。

调查方案是否周密、详尽,对调查能否成功至关重要。通过对调查方案的设计,进一步明确调查方案所包括的具体内容以及设计的计划性和周密性。

◎ 要求

①以小组为单位,根据所确定的调查课题和内容,每人先拟订一个初步的调查方案。

②各小组组长负责进行讨论和归纳,形成最终的小组调查方案。

◎ 步骤

①明确调查方案所包括的各项内容。

②按照前面的分组及所确定的调查课题,每名同学着手起草调查方案初稿。

③以小组为单位,组长负责将同学们准备的调查方案初稿进行综合考虑。

④在充分讨论的基础上,形成正式的调查方案并交给老师审查。

◎ 注意事项

①一个较为详细的调查方案应包括的内容有:调查课题、目的和意义;调查范围及分析单位(包括个人、组织和群体);调查的类型和方法;抽取调查样本的方案和抽样方法;调查内容、设计的表格或调查提纲;调查的场所、时间和进度安排;调查经费和有关物质手段的计划与安排;调查人员的选择,培训和组织。

②调查方案的编写既要严肃、认真,又要切实可行。

③不能落到实处的内容不要写进方案中去。

项目二:组织市场调查活动

◎ 目的

通过一段时间的理论学习,在掌握市场调查基本原理的基础上,走出校门进行实际的市场调查活动,熟练掌握市场调查的技巧和方法。

◎ 要求

以小组为单位,组长负责,按照调查方案确定的时间和地点有计划地实施调查活动,保证市场调查的效果和顺利进行。

◎ 工具

调查员号牌、调查问卷、记录本、钢笔。

◎ 步骤

①以班为单位进行实际调查前的动员和布置,明确调查过程中应注意的问题。

②以小组为单位进行具体的分工,安排每一次调查的线路和地点。

③按照调查方案的要求和安排进行实际的调查活动,并作好资料的收集和记录。

④小组成员定期进行相互沟通和交流,探讨调查过程中的具体问题及解决的方法。

⑤有关老师经常性地对各调查点进行巡视和监督,发现问题及时解决。

⑥调查结束后,以小组为单位对资料进行整理和汇总。

⑦每人对调查过程中的情况进行总结,写出调查过程中的心得体会。

◎ 注意事项

①实际的调查过程中,每一名同学要统一服从组织与指挥,遵循调查规程,保证调查工作的圆满完成。

②深入市场实际,坚持实事求是,以严肃认真的科学态度收集资料,确保资料的客观性和系统性,不允许有弄虚作假的现象发生。

③在向被调查者询问时应谦虚谨慎,建立相互信任、相互合作的良好关系,体现本校学生的精神风貌和专业素养。

④严格要求自己,维护学校声誉和专业形象,用优秀中专生的标准严格要求自己。

二、经典案例阅读

案例1

关于美国城市中吸食毒品的调查方案

1. 调查目的

通过对吸毒者的调查建立一种"怎样成为吸毒者"的理论。这一调查研究对了解吸毒者的情况,并制定政策和措施解决这一社会问题有现实意义,对于认识越轨行为的产生过程有普遍的理论意义。

2. 调查类型、方式、方法

①描述性调查、纵贯式调查、个案调查。

②调查方式:重点调查、实地调查。

③调查方法:无结构式访问,长期观察。

④资料分析方法:定性分析、主观理解法。

3. 调查范围

①美国某一城市。

②分析单位:个人。

③抽样单位:个人。

4.抽样方案

以所认识的几个吸毒者为首批调查对象,然后由这些吸毒者介绍他们所认识的吸毒者,再调查第二批、第三批;共调查50人(这种抽样方式称为非概率抽样中的滚雪球式抽样)。

5.调查内容

询问吸毒者的吸毒经历:是怎样开始吸毒的,中间经历了哪些过程,现在是什么情况,吸食量开始是多少,中间是多少,现在是多少,都有什么感受,是否想过戒毒,是受哪些因素影响才开始吸毒的,等等。

根据以上内容自由交谈,无调查表格。事后根据录音或回想作详细的访谈记录。

6.调查场所

由被调查者选择他们认为合适的场所和时间接受访问。

时间计划:在第一次访问之后隔几个月或半年后再访问一次,共访问二次或三次,调查时间大约一年半。

7.调查经费和物质手段(略)。

8.调查人员的选择

通过选拔、培训确定5人,每人负责自己的调查对象。

案例2

肯德基宅急送在线调查

百胜餐饮集团旗下的品牌肯德基(KFC),一直致力于通过网络订餐以扩大其在快餐行业的市场份额。在拓展网络订餐业务过程中肯德基遇到了客户流失率高、市场推广资源浪费的问题。为此,肯德基进行了在线调查,通过在线客户满意度调查发现服务和流程中存在的问题。肯德基宅急送的订餐有5个环节,图示如下:

任何一个环节出现问题都会导致流失率上升。肯德基宅急送首先对自身的流失量统计进行分析,发现客户的流失主要集中在填写送餐地址和浏览菜单点餐这两个环节上。图示如下:

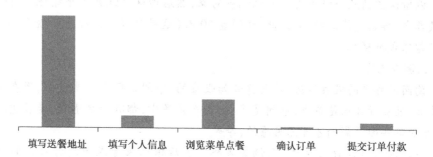

肯德基宅急送各环节用户流失率（%）

| 填写送餐地址 | 填写个人信息 | 浏览菜单点餐 | 确认订单 | 提交订单付款 |

　　肯德基宅急送基于这两个问题突出的环节展开了在线用户调查，了解他们对订餐流程的具体评价，并最终找到了问题的具体成因。图示如下：

填写送餐地址环节的客户流失原因 （%）

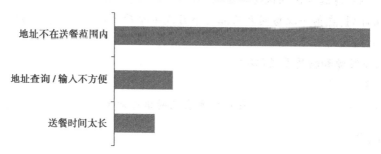

　　客户填写地址时，发现自己所处地址不在送餐范围内是导致客户流失的最主要原因，其次是地址查询/输入不方便以及送餐时间太长。

浏览菜单点单环节的客户流失原因（%）

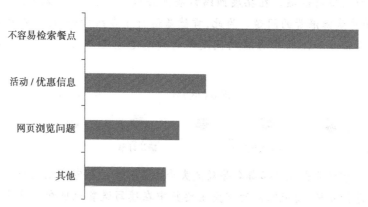

　　客户浏览菜单点单环节中，因为检索方式不便，不容易找到自己想要的餐点导

致流失是最主要的原因。

针对从调查中发现的问题,肯德基宅急送制定了相应的改善措施,具体如下:

1.增加餐点的检索维度,如人气、价格、订购量等,方便用户从不同维度检索;

2.调整优惠活动的显示位置和种类,使之更符合用户的习惯和期望;

3.优化送餐流程,确保每一餐都在30分钟内送到。

经过这次的改善和优化,肯德基宅急送在填写送餐地址和浏览菜单点餐环节的用户满意度得到了显著的提升,用户流失率也得到了有效控制。

备注:为了保护客户隐私,该案例中的所有数据有所调整,并非实际数据。

思考:1.你有过购买肯德基宅急送的经历吗? 你遇到过上述调查中出现的问题吗?

2.这则案例对你有哪些启示?

【任务回顾】

本任务主要介绍了市场调查中的另外两种方法:间接调查法和网络调查法,同时介绍了市场调查方案设计的相关内容。间接调查法,即文案法,主要是收集第二手资料,在运用间接调查法收集资料的时候,需要明确资料的来源和途径,资料收集的原则和步骤。网络调查的特点和方式,以及网络直接调查和间接调查具体方法的运用。

市场调查方案,是在对一项调查的程序和实施的具体问题进行详细、全面地考虑后,制订出一个书面的总体计划和切实可行的大纲。需要明确市场调查方案所包括的内容和应该注意的问题。

【关键词汇】

1.间接调查

间接调查,又称文案法,顾名思义,就是对间接资料的收集和整理,是指通过对市场中已有的真实可靠的文献资料的收集、整理、分析的一种调查方法。

2.网上市场调查

网上市场调查,是指在互联网上针对特定营销环境进行简单调查设计、收集资料和初步分析的活动。

3.网上直接调查

网上直接调查是指利用互联网直接进行问卷调查等方式收集第一手资料,主要采用站点法辅助、以电子邮件法通过 Internet 直接进行。

4.网上间接调查

网上间接调查是指利用互联网的媒体功能,在网上收集、加工与处理分析二手资料,使其成为有价值的商业信息。

5.市场调查方案

市场调查方案就是在对一项调查的程序和实施的具体问题进行详细、全面的考虑后,制订出一个书面的总体计划和切实可行的大纲。

【任务检测】

一、单项选择题

1.通过对市场中已有的真实可靠的文献资料进行收集、整理、分析的调查方法是( )。

    A.访问法   B.观察法   C.实验法   D.文案法

2.利用互联网直接进行问卷调查等方式收集第一手资料,主要采用站点法辅助、以电子邮件法通过 Internet 直接进行的调查方法是( )。

    A.网上直接调查   B.网上间接调查

    C.实地调查   D.互联网调查

3.利用互联网的媒体功能,在网上收集、加工与处理分析二手资料,使其成为有价值商业信息的调查方法是( )。

    A.网上直接调查   B.网上间接调查

    C.实地调查   D.互联网调查

4.在对一项调查的程序和实施的具体问题进行详细、全面地考虑后,制订出一个书面的总体计划和切实可行的大纲,这是( )。

    A.市场调查报告   B.市场调查方案

    C.市场调查方式   D.市场调查方法

二、多项选择题

1.从信息来源的角度进行划分,间接资料来源包括( )。

    A.企业内部资料   B.企业外部资料

    C.宏观资料   D.微观资料

2.间接资料选择的基本原则是( )。

    A.相关性原则   B.时效性原则

C.系统性原则   D.经济效益原则

3.网络市场调查的特点有(   )。

 A.及时性   B.便捷性

 C.交互性   D.无时空地域限制

4.网上直接调查的具体方法有(   )。

 A.电子邮件问卷   B.网上焦点团体座谈

 C.在网站上设置调查专项   D.利用手机进行访问

5.网上间接调查的具体方法有(   )。

 A.利用搜索引擎

 B.访问专业信息网站

 C.通过用户网(Usenet)获取商业信息

 D.利用网上论坛(BBS)获取商业信息

三、判断题

1.间接调查只是收集第二手资料。   (   )

2.间接资料大多数是历史性资料,必须考虑资料的时间背景。   (   )

3.网上调查的适用范围随着计算机和国际互联网应用的普及逐渐显现出来,将成为21世纪应用领域最广泛的调查方法之一。   (   )

4.市场调查方案只有用书面形式表现出来,经过领导的审批才能付诸实施。

                  (   )

四、思考题

1.与直接调查相比,间接调查有什么特点?

2.从企业的经营角度来看,间接资料来源包括哪些种类?

3.什么是市场调查方案?在编写调查方案时,包括哪些主要内容?

五、实务题

1.结合老师布置的市场调查活动,以小组为单位编写一份正式的市场调查方案。

2.结合自己所要调查的商品市场,通过间接途径收集有关资料。

任务 6
我们如何整理资料

任务目标

1.掌握调查资料审核的原则、要求和方式。

2.能够熟练地对各种方法所收集的资料进行审核。

3.明确调查资料整理原则。

4.掌握调查资料的分类方式、方法和标志。

5.掌握对调查资料的汇总手段和方法。

实训项目

整理市场调查资料。

学时建议

1.知识性学习 6 学时。

2.对所收集资料进行审核 2 学时。

3.完成实训项目 4 学时。

【导学语】

通过前一段时间的市场调查活动,你所收集的资料情况如何? 面对收集的资料,我们还应该做什么?

案例导入

我国2012年12月CPI同比上涨2.5%

2012年12月,全国居民消费价格总水平同比上涨2.5%。其中,城市上涨2.5%,农村上涨2.5%;食品价格上涨4.2%,非食品价格上涨1.7%;消费品价格上涨2.5%,服务项目价格上涨2.5%。2012年,全国居民消费价格总水平比上年上涨2.6%。

12月,全国居民消费价格总水平环比上涨0.8%。其中,城市上涨0.8%,农村上涨0.9%;食品价格上涨2.4%,非食品价格持平(涨跌幅度为0);消费品价格上涨1.1%,服务项目价格持平。

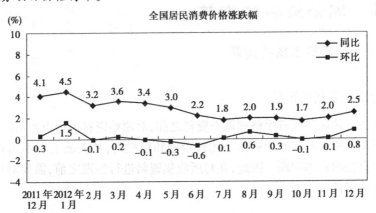

全国居民消费价格涨跌幅

12月,食品价格同比上涨4.2%,影响居民消费价格总水平同比上涨约1.37个百分点。烟酒及用品价格同比上涨1.5%。其中,酒类价格上涨2.7%,烟草价格上涨0.7%。衣着价格同比上涨1.9%。其中,服装价格上涨2.0%,鞋类价格上涨1.2%。家庭设备用品及维修服务价格同比上涨1.7%。其中,家庭服务及加工维修服务价格上涨9.5%,耐用消费品价格上涨0.3%。医疗保健和个人用品价格同比上涨1.7%。其中,中药材及中成药价格上涨2.4%,医疗器具及用品价格上涨1.8%,医疗保健服务价格上涨1.1%,西药价格上涨0.5%。交通和通信价格同比持平。其中,车辆使用及维修价格上涨5.1%,车用燃料及零配件价格上涨2.6%,城市间交通费价格上涨1.7%,通信工具价格下降10.7%,交通工具价格下降1.0%。娱乐教育文化用品及服务价格同比上涨1.1%。其中,教育服务价格上涨2.6%,文娱费价格上涨2.4%,旅游价格上涨1.1%,文娱用耐用消费品及服务价格下降4.7%。居住价格同比上涨3.0%。其中,水、电、燃料价格上涨4.0%,住房租金价格上涨3.3%,建房及装修材料价格上涨0.8%。

据测算,在12月2.5%的居民消费价格总水平同比涨幅中,上年价格上涨的翘尾因素消失为0,新涨价因素约为2.5个百分点。(国家统计局网站提供资料)

思考:1.上述案例中的各种具体数据是如何得出的?对我们生活会造成怎样的影响?

2.在经过前期的市场调查之后,如何来处理我们所收集的资料?

【学一学】

对市场调查所收集资料进行审核与整理是分析资料的基础,是保证调查资料客观性、准确性、条理性和完整性不可缺少的重要环节。

6.1 调查资料的审核

6.1.1 对资料审核的理解

1)什么是资料的审核

资料的审核就是在着手整理调查资料之前,对原始资料进行审查与核实。

市场调查所收集的原始资料是比较零散和粗糙的,从表面上看不出在资料收集过程中存在的具体问题。因此,在对所收集资料进行整理之前,需要对原始资料进行严格的审核。

2) 为什么要对资料进行审核

①保证资料的客观性、准确性和完整性。

②为资料整理打好基础。

③如果不进行审核，有错误也不易发现，会导致错误的结论，失去调查的意义。

3) 资料审核的方式

一般而言，在资料收集过程中就应该注重对资料进行审核，这样就能够及时发现问题，及时纠正，保证资料的客观性、准确性和完整性。资料审核有 3 种方式，而且这 3 种方式是相互进行的。

①实地审核。审核和收集同步进行，一边收集一边审核。

②系统审核。收集资料后集中时间进行审核。

③多次审核。对重要资料进行反复和各种形式的审核。

6.1.2 资料审核的原则和要求

1) 资料审核的原则

①真实性原则。需要根据实践经验和常识来判别，看是否真实可靠；发现疑问，要根据事实进行核实；排除其中的虚假成分，保证资料的真实性。

②准确性原则。对所收集的资料要进行逻辑检查；检查发现调查资料中有无不合理的地方和前后相互矛盾的问题。

③完整性原则。检查资料是否按照提纲或统计表格的要求收集齐全，如果资料残缺不全，就会降低甚至失去市场调研的价值。

④标准化原则。检查调查资料指标的定义是否一致，计量单位是否相同，资料所涉及的事实是否具有可比性。

2) 审核资料要达到的基本要求

①去粗取精。从杂乱无章的调查资料中选择与调查目的有关的或有重要参考价值的资料。

②去伪存真。根据知识和经验对虚假或错误的资料进行鉴别和核实，将其剔除。

③尊重资料。对调查的资料不要主观臆断、自以为是或发挥自己的想象力对资料进行修改。

 提 示 审核的目的就是要去粗取精、去伪存真。

6.1.3 对运用各种方法收集资料进行审核

1）如何对问卷法所收集资料进行审核

 思考 在审核过程中需要注意哪些问题？

①问卷的填写是否完整，如果有遗漏的项目，最好请被调查者及时补上。

②问卷填写有没有逻辑错误，对于前后不相符的内容，要作出判断并进行纠正。

③通过检查问卷中的控制性问题来判断回答的可靠性。例如：调查我校学生"每月家庭收入的多少"来控制"学费的来源"，反映对方填写问卷的态度和真实性。

要求在问卷设计中，应根据实际情况多设计几个控制性问题以供审核资料使用。

2）如何对访问法所收集资料进行审核

 思考 在审核过程中需要注意哪些问题？

①要注意被调查者的态度。被调查者对调查者越信任，调查资料的可靠性就会越高。调查人员在提出问题的同时，要关注对方回答问题时的态度和配合程度，并作好相应的记录。

②在谈话过程中要明辨是非，不能有闻必录，闻而不审。不要对方说什么你就记录什么，这样会增加资料整理的工作量和难度，对于对方回答有疑问的地方要当面进行核实。

③应在谈话过程中反复查询，逐步使调查者的回答接近客观。

④不熟练的调查员应在访问后仔细考虑，剔除材料中的水分。具体采用的方法：与其他被调查者交谈，进行侧面核实或与其他调查材料进行比较核实。

3）如何对观察法所收集的资料进行审核

思考 在审核过程中需要注意哪些问题？

（1）检查是不是严格遵循市场调查提纲的要求获取资料

①记下提纲中规定的调查内容。

②记下那些看到的暂时还无法归类的事实。

③避免看见什么就记下什么的随意记载。

（2）与运用其他方法收集的资料进行比较、核对

如果资料能用多种方法收集,则应将观察法获取的资料与其他方法获取的资料进行比较,发现问题及时调查核实。

（3）与同小组其他人员收集的资料进行比较

以小组为单位进行观察,要随时将获取的资料同小组其他人员的资料进行比较,集体观察并经过讨论的资料,其客观性和准确性较高。

（4）比较重要的问题要注意调查时间的长短

一般而言,长时间观察比短时间观察的可靠性高,对于重要问题,要适当增加调查的时间。调查时间的长短要因地、因事、因人制宜。

4）如何对第二手资料进行审核

第二手资料又称现成资料,是相对于第一手资料而言的,是指从各种媒体、文献档案中收集的资料。

 思考 在审核过程中需要注意哪些问题?

（1）对书面文献资料的审核

①确定文献资料的可靠性。

②搞清楚文献的作者、出版者的背景。

③注意文献编写的时间。

④留心是否存在伪造现象。

（2）对统计资料的审核

①注意资料的来源和调查的目的。

②指标的定义和分组的标准问题。

③指标的统计总体范围的一致性。

提示 对资料的审核是一项细微的工作,要求调查人员认真对待,切不可草率行事。

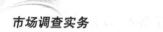

6.2 调查资料的整理

6.2.1 对资料整理的理解

1)什么是资料的整理

资料的整理就是在对所收集资料进行审核之后,根据调查研究的目的将经过审核的资料进行分类与汇总。

2)为什么要对资料进行整理

①使资料更加条理化、系统化。
②为进一步分析提供条件。
③是从调查阶段到分析研究阶段,由感性认识到理性认识的必经环节。

3)资料整理的原则

①条理化。首先需要对整个资料进行分类,使繁杂的资料更有条理。同时,需要提供一种便利的检索手段,便于资料的存取和利用。
②系统化。从整体、综合的角度来考虑,分析现有资料是否满足市场调查研究的目的和需要,有没有必要吸收、补充其他资料,如何对调查中发现的新情况进行处理,等等。
③统计汇总。依据一定的方法对原始数据进行科学整理,使总体的数量特征和规律性显示出来。对资料进行汇总是一项重要工作。

6.2.2 如何对调查资料进行分类

1)什么是资料分类

资料分类,就是根据调查研究对象的某些特征,将所收集的资料划分为不同的种类,包括分类和分组。
分类适用于全部调查资料,分组只限于统计资料。

2)如何对调查资料进行分类

(1)分类方式:前分类和后分类
①前分类。就是在设计调查提纲或问卷时,按照市场现象的类别设计指标,再

按分类指标收集和整理资料。

②后分类。是指在调查资料收集完之后,再根据资料的性质、内容或特征,将它们分别集中。

(2)分类方法:现象分类法和本质分类法

①现象分类法。是指根据市场现象的外部特征或外在联系进行分类。如:根据调查对象的不同,分为消费者的资料、商家的资料、厂家的资料等。

这种分类方法的优点是:可以帮助建立资料存取系统,方便资料的存取、查找和利用。

其缺点是:往往会把本质上相同的事物分为不同的类别,不便于认识事物的本质特征。

②本质分类法。是指根据事物的本质特征或内部联系进行分类的方法,也称科学分类法。

例如,在消费者需求调查中,根据消费者购买心理要求的不同将资料进行分类。

本质分类不仅是资料的存取、检索系统,而且是调查者对客观事物和规律认识的总结系统。

(3)分类标志:按品质标志分类和按数量标志分类

①按品质标志分类,就是选择反映事物属性差异的标志作为分类标志。

例如:被调查者的性别、职业,商品的产地等,都是按事物的属性差异进行分类。

②按数量标志分类,就是选择反映事物数量差异的标志作为分类标志。

例如:被调查者的年龄、家庭人口数、月收入情况、购买商品的次数与数量等,都是按事物的数量差异进行分类。

注意:数量界限不是随意规定的,要通过事物的数量差异反映出事物质的差异。

数量标志有两种表现形式:按单值分类和按组距分类。

按单值分类:如家庭人口数,1,2,3,4 人等。

按组距分类:如家庭月收入,2 001~3 500 元,3 501~5 000 元等。

3)选择分类标志的原则

(1)从分析研究的目的出发选择分类标志

分类必须服从调查研究的目的,目的不同,选择的分类标志也不同。

例如:要分析本校学生的学习情况,应以学习成绩作为标志;要分析本地区人口的年龄结构,应以年龄作为标志分类。

(2)从反映市场现象本质的需要去选择分类标志

在市场现象的许多特征中,有本质特征和非本质特征,应选择反映本质特征的标志作为分类标志。

(3)根据具体的历史条件来选择分类标志

由于市场现象的特征是随时间、地点和条件而变化的,要研究新问题适应新变化,不能照搬原来的分类标志。

例如:现在消费者的收入标准与过去发生了很大的变化,不能够用过去的收入水平来进行分类。市场的商品价格也在不断地变化,同一种商品过去的价格水平和现在的价格水平也相差较大。

(4)分类标志必须坚持穷尽性和互斥性原则

提醒注意:穷尽性和互斥性原则在市场调查许多内容的学习中都会遇到,在分类标志中要坚持穷尽性和互斥性原则。

①穷尽性。是指分类标志的确定必须使所有个体的特征表现都能找到归属组,无一例外,要将所有可能的类别列出。

②互斥性。要使每个个体的特征表现只能分配到一组之内,不能同时在几个组内表现。

6.2.3 如何对调查资料进行汇总

1)什么是资料汇总

资料汇总是在对调查资料的分类标志确定之后,需要把资料进行归类。

2)汇总的技术手段

包括手工汇总和计算机汇总。随着计算机使用的普及,现在对各种资料进行汇总,一般用计算机来进行。

如何运用计算机进行汇总? 具体操作步骤如下:

①编码。就是将问卷中的信息数字化,编码涉及每一项的留格,留格的多少要考虑每一类别有多少子项。

②登录。将编好码的问卷资料过录到资料卡片上去,虽然工作简单,但要耐心细致,保证资料全部转移不出差错。

③录入。就是将登录在资料卡片上的数据录入到计算机的存储设备上。

④程序编制。给计算机输入一种指令,指挥计算机进行工作。

3)汇总的技术方法:统计表

(1)什么是统计表

调查所收集的资料通过汇总,得出许多说明市场现象和过程的数字资料,把这些资料按照一定的目的,在表格上表现出来,就称为统计表(如表6.1)。

表6.1 我校学生家庭月收入统计表

家庭月收入	2 000元以下	2 001~3 500元	3 501~5 000元	5 000元以上
数量/人	400	800	600	200
所占比例/%	30	40	25	5

对调查资料整理的结果主要是通过统计表表现出来。

(2)统计表的作用

①能够有系统、有条理地排列出统计资料,使人们在阅读时一目了然。

②能够合理、科学地组织统计资料,便于人们在阅读时对照和比较。

(3)统计表的结构

从形式上看,统计表一般由4个部分组成:总标题、横行标题、纵栏标题和指标数值(以上表为例进行分析)。

①总标题:统计表的名称,用来概括统计表的内容,写在表上端的中部。

如:我校学生家庭月收入统计表。

②横行标题:在统计表的左端,代表所要说明的对象。

如:家庭月收入、数量、所占比例。

③纵栏标题:在表的上方,代表统计指标的名称。

如:2 000元以下,2 001~3 500元,等等。

④指标数值:列在各横行标题与纵栏标题的交叉处,表中的任何数字内容由横行标题和纵栏标题所限制。

如:家庭月收入2 000元以下的数量是600人,所占比例为20%。

(4)统计表的类型

按总体分组情况分为3种类型:简单表、简单分组表和复合分组表。

①简单表。是指总体未作任何分组,仅仅列出各单位名称或按时间顺序排出

的表格,如表6.2。

表 6.2　本校在校各班学生人数统计表

班　级	2012 营销 1 班	2012 营销 2 班	2012 营销 3 班	合计
人数	42	43	41	126

②简单分组表。总体只按一个标志进行分组的表格形式。

按分组方法的不同,又分为单项分组表(表6.3)和组距分组表(表6.4)两种。

表 6.3　本校在校各班男女生人数统计表

班　级	男生人数	女生人数	总人数
2012 营销 1 班	18	24	42
2012 营销 2 班	20	23	43
2012 营销 3 班	19	22	41

表 6.4　本校在校各班学生家庭月收入统计表

月收入 班级	2 000 元以下	2 001~3 500 元	3 501~5 000 元	5 000 元以上
2012 营销 1 班	10	18	11	3
2012 营销 2 班	9	20	10	4
2012 营销 3 班	11	18	10	2

③复合分组表。总体按两个以上标志进行层叠分组的统计表,又称交互分类表。

问题思考　要反映本校在校男生和女生的学习情况,如何设计一份统计表?

(5)统计表的设计

①统计表样式的设计。设计要点:上、下两端用粗线绘制;左、右两端习惯上不画线,采用不封闭的“开口”表式;长、宽之间保持适当的长方形,避免表格过于细长、短粗或正方形。

②统计表内容的设计。第一,总标题应当用简练而又准确的文字来表达统计资料的内容、所属空间和时间范围。

例如:本校学生 2012 年家庭月收入情况统计表,本校学生 2012 年学习情况统计表。

第二,统计表中的指标数值要有一定的计量单位。

如果表中的指标都以同一单位计量时,应将计量单位标写在统计表的右上角。

(6)统计表的填写

要求:

①文字书写应工整,字迹应填写整齐,数位对准。

②当统计表中数字为 0 时要写出来。

③如果不应该有数字时应用横短线"—"表示。

④当某项资料应免填时,用符号"×"表示,每一表格不应留有空白。

⑤当某一数字与左右、上下相同时,应一一填写,不能用"同左""同右"等字样代替。

(7)用图形表示

如图 6.1 所示。

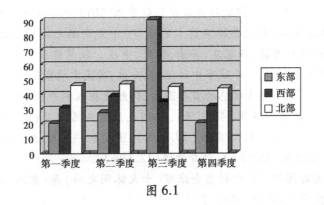

图 6.1

【做一做】

一、实训活动

项目:整理市场调查资料

◎ 目的

在通过调查收集资料以后,对所收集的资料需要进行审核与整理,保证调查资料客观性、准确性、条理性和完整性。让同学们掌握如何对资料进行审核与整理。

◎ 要求

按事先所确定的小组,组长负责小组成员首先对自己所收集资料进行审查与核实。在此基础上,以小组为单位对资料进行分类与汇总。

◎ 程序

①每名同学首先将自己所收集的资料按要求进行审查和核实,保证调查资料的客观性、准确性和完整性。

②以小组为单位,根据调查目的将经过审核的资料进行分类和汇总,保证资料的条理化、系统化。

二、经典案例阅读

全国31个城市居民"幸福感"较量

2012年8月19日,央视财经频道在拉萨举办"2012幸福城市市长论坛",论坛期间发布的数据显示,幸福感排名前十的城市(十大幸福之城)是:拉萨、太原、合肥、天津、长沙、呼和浩特、石家庄、济南、银川、重庆。拉萨连续6年位列居民幸福感前三名。武汉在全国31个城市中仅位列26位,居民幸福感排名倒数。

调查显示,影响百姓幸福感的首要因素,仍然是收入水平(55.53%),排在第二和第三位的分别是健康状况(48.91%)、婚姻或感情生活状况(32.09%)。接下来是社会保障(28.72%)、人际关系(27.96%)、道德风气(21.39%)、事业成就感(21.37%)、环境卫生(15.95%)、自身性格(12.72%)。

另外,休闲时间排名前十的省会城市(十大休闲之城)是:贵阳、海口、广州、杭州、拉萨、成都、重庆、太原、福州、长沙。

据悉,本次调查涉及全国104个城市300个县的10万户家庭,围绕"居民幸福感"等核心话题开展了为期一年的调查。

思考:通过以上案例阅读,你对幸福感是否有所认识?你知道这些资料是怎样整理出来的吗?

【任务回顾】

对市场调查资料的整理,是市场调查活动非常重要的环节。如果不对前期调查所收集的资料进行认真、有效地整理,调查活动也就失去了意义。

整理资料包括资料审核、分类和汇总。

资料审核遵循真实性、准确性、完整性和标准化原则。需要对运用各种调查方法所收集的资料进行审核。

资料整理要保证条理化和系统化,要学会运用不同方式、方法对调查资料进行分类。

要熟练运用现代技术手段对调查资料进行汇总,并用统计表的形式很好地展示出来,为后面对调查资料进行分析提供依据。

【关键词汇】

1.资料审核

资料审核就是在着手整理调查资料之前,对原始资料进行审查与核实。

2.资料整理

资料整理就是在对所收集资料进行审核之后,根据调查研究的目的,将经过审核的资料进行分类汇总。

3.资料分类

资料分类就是根据调查研究对象的某些特征,将所收集的资料划分为不同的种类,包括分类和分组。

4.资料汇总

资料汇总是在将调查资料的分类标志确定之后,把资料进行归类。

【任务检测】

一、单项选择题

1.在收集到资料以后,着手准备整理资料之前,我们要做的第一项工作是对原始资料进行(   )。

    A.审核   B.分类   C.汇总   D.分析

2.根据调查研究对象的某些特征,将所收集的资料划分为不同的种类,属于(   )。

    A.资料分类   B.资料审核   C.资料整理   D.资料分析

3.根据市场现象的外部特征或外在联系进行的分类是(   )。

    A.现象分类法   B.本质分类法   C.一般分类法   D.特殊分类法

4.根据事物的本质特征或内部联系进行分类的方法是(　　　)。

    A.现象分类法　　　B.本质分类法　　　C.一般分类法　　　D.特殊分类法

5.在对调查资料的分类标志确定之后,需要把资料进行(　　　)。

    A.归类　　　　　　B.统计　　　　　　C.分析　　　　　　D.总结

二、多项选择题

1.对调查资料进行审核要遵循的原则是(　　　)。

    A.真实性原则　　　B.准确性原则　　　C.完整性原则　　　D.标准化原则

2.审核资料要达到的基本要求是(　　　)。

    A.去粗取精　　　　B.去伪存真　　　　C.尊重资料　　　　D.除恶行善

3.在对所收集资料进行审核之后,需要根据调查研究的目的将经过审核的资料进行(　　　)。

    A.分类　　　　　　B.汇总　　　　　　C.分析　　　　　　D.总结

4.统计表从形式上看,一般由(　　　)组成。

    A.总标题　　　　　B.横行标题　　　　C.纵栏标题　　　　D.指标的数值

三、判断题

1.在收集了资料以后,如果不进行审核,有错误也就不易发现,会导致错误的结论。　　　　　　　　　　　　　　　　　　　　　　　　　　　　　(　　)

2.之所以要对资料进行整理,就是为了使资料更加条理化、系统化。　(　　)

3.对调查资料进行分类,只能在收集资料以后进行。　　　　　　　　(　　)

4.分类标志的确定必须使所有个体的特征表现都能找到归属组,无一例外,要将所有可能的类别列出,这是互斥性原则。　　　　　　　　　　　　　(　　)

四、问答题

1.如何对问卷法和访问法所收集的资料进行审核?

2.选择分类标志的原则是什么?

3.在统计表的设计和填写过程中,要注意哪些问题?

五、实务题

同学们将前段时间收集的资料进行审核,同时,以小组为单位进行分类和汇总,为后面对资料进行分析和撰写市场调查报告作准备。

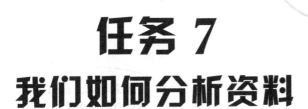

任务 7
我们如何分析资料

任务目标

1.了解对调查资料进行静态分析的指标、种类及计算方法。

2.了解对调查资料进行动态分析的指标、种类及计算方法。

3.能够对实际问题进行定性分析和定量分析,提高分析问题和解决问题的能力。

实训项目

拟定定量分析方案。

学时建议

1.知识性学习 8 学时。

2.完成实训项目 4 学时。

【导学语】

在对调查资料进行整理之后,我们需要着手对资料进行分析。通过分析,从中发现市场现象中存在的具体问题。

你所收集的资料已经整理完成了吗?

整理完之后,我们还应该做什么?

案例导入

2012年12月各类商品及服务价格变动情况

一、各类商品及服务价格同比变动情况

2012年12月,食品价格同比上涨4.2%,影响居民消费价格总水平同比上涨约1.37个百分点。其中,鲜菜价格上涨14.8%,影响居民消费价格总水平上涨约0.41个百分点;水产品价格上涨6.1%,影响居民消费价格总水平上涨约0.15个百分点;粮食价格上涨4.1%,影响居民消费价格总水平上涨约0.12个百分点;肉禽及其制品价格上涨1.4%,影响居民消费价格总水平上涨约0.11个百分点(猪肉价格下降6.2%,影响居民消费价格总水平下降约0.22个百分点);油脂价格上涨4.5%,影响居民消费价格总水平上涨约0.06个百分点;鲜果价格下降5.6%,影响居民消费价格总水平下降约0.11个百分点。烟酒及用品价格同比上涨1.5%。其中,酒类价格上涨2.7%,烟草价格上涨0.7%。

衣着价格同比上涨1.9%。其中,服装价格上涨2.0%,鞋类价格上涨1.2%。

家庭设备用品及维修服务价格同比上涨1.7%。其中,家庭服务及加工维修服务价格上涨9.5%,耐用消费品价格上涨0.3%。

医疗保健和个人用品价格同比上涨1.7%。其中,中药材及中成药价格上涨2.4%,医疗器具及用品价格上涨1.8%,医疗保健服务价格上涨1.1%,西药价格上涨0.5%。

交通和通信价格同比持平。其中,车辆使用及维修价格上涨5.1%,车用燃料及零配件价格上涨 2.6%,城市间交通费价格上涨 1.7%,通信工具价格下降 10.7%,交通工具价格下降 1.0%。

娱乐教育文化用品及服务价格同比上涨 1.1%。其中,教育服务价格上涨 2.6%,文娱费价格上涨 2.4%,旅游价格上涨 1.1%,耐用消费品及服务价格下降 4.7%。

居住价格同比上涨 3.0%。其中,水、电、燃料价格上涨 4.0%,住房租金价格上涨 3.3%,建房及装修材料价格上涨 0.8%。

据测算,在 12 月 2.5% 的居民消费价格总水平同比涨幅中,上年价格上涨的翘尾因素消失为 0,新涨价因素约为 2.5 个百分点(如图 7.1)。

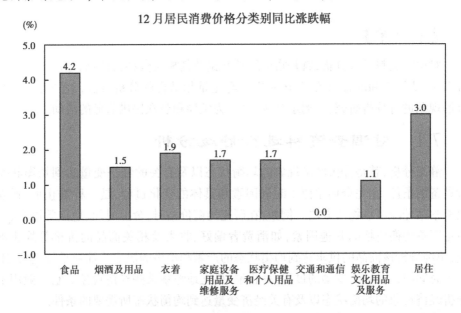

图 7.1

二、各类商品及服务价格环比变动情况

12 月,食品价格环比上涨 2.4%,影响居民消费价格总水平环比上涨约 0.79 个百分点。其中,鲜菜价格上涨 17.5%,影响居民消费价格总水平上涨约 0.46 个百分点;肉禽及其制品价格上涨 2.4%,影响居民消费价格总水平上涨约 0.18 个百分点(猪肉价格上涨 3.9%,影响居民消费价格总水平上涨约 0.12 个百分点);水产品价格上涨 2.0%,影响居民消费价格总水平上涨约 0.05 个百分点;蛋价格上涨 3.1%,影响居民消费价格总水平上涨约 0.03 个百分点;鲜果价格上涨 0.8%,影响居民消费价格总水平上涨约 0.01 个百分点;粮食和油脂价格分别上涨 0.4% 和 0.2%,两项合计影响居民消费价格总水平上涨约 0.01 个百分点。

12月,非食品价格环比持平。其中,烟酒及用品价格上涨0.2%,家庭设备用品及维修服务、居住价格均上涨0.1%,交通和通信、娱乐教育文化用品及服务价格均下降0.2%,衣着、医疗保健和个人用品价格均持平。(国家统计局网站提供资料)

思考:上述案例及图表中反映的是我国2012年12月各类商品及服务价格变动情况。有一些概念你是否清楚?具体数据是怎样得来的?你能否将其中的概念及数字解析给同学们听。

在信息社会中,我们接触到越来越多的统计数字和资料,如各种经济数据、证券信息、可研究性投资报告等,面对各种数据我们应该怎样看待,这就需要对各种数据进行分析。

【学一学】

对调查资料进行分析,就是指以统计数据及其相关资料为依据,运用科学的分析方法,从静态和动态的角度,运用定性与定量相结合的分析方法,对经济社会和市场现象进行分析研究,以揭示其规律性,为领导和公众提供服务的活动。

7.1 对调查资料进行静态分析

静态分析,就是分析经济现象的均衡状态以及有关的经济变量达到均衡状态所具备的条件,它完全抽象掉了时间因素和具体的变化过程,是一种静止地、孤立地考察某种经济事物的方法。例如,在研究均衡价格时,舍掉时间、地点等因素,并假定影响均衡价格的其他因素,如消费者偏好、收入及相关商品的价格等静止不变,单纯分析该商品的供求达到均衡状态的产量和价格的决定。简单地说,就是抽象了时间因素和具体变动的过程,静止地、孤立地考察某些经济现象。它一般用于分析经济现象的均衡状态以及有关经济变量达到均衡状态所需要的条件。

静态分析所用到的指标体系有:总量指标、相对指标、平均指标和标志变异指标等。

7.1.1 总量指标

1)总量指标的定义

总量指标是将数量标志值加以汇总,而得到的指标数值。

总量指标是用来反映客观事物现象总体在一定时间、地点、条件下的总规律、总水平和工作总量的综合指标。其表现形式为绝对数,又称绝对指标。

例如,"2012年国民经济和社会发展情况公报"中的数据:全年国内生产总值

519 322亿元,全年社会消费品零售总额207 167亿元,全年粮食产量58 957万吨,全年进出口总额38 667.6亿美元,等等。

2)总量指标的种类

对总量指标进行分类,包括如下类型:

(1)按反映的客观内容不同划分为总体单位总量与总体标志总量

①总体单位总量。一般用来反映总体单位数的总和,如总人数、企业数等。

②总体标志总量。是反映总体单位特征的标志值的总和,如工资总额、商品销售额等。

(2)按反映的时间状况不同划分为时期指标与时点指标

①时期指标。是反映某种现象在一段时期内活动结果的总量指标,如产量、出生人数、生活费支出等。

②时点指标。是反映某种现象在某一时刻状况数量的总和,是增减抵消后的结果,如年末人口数、月末商品库存量、银行存款余额等。

3)总量指标的计算方法

①直接计量法。是根据调查所收集的资料加以汇总而得到的合计数。

例如,2012年全国粮食总产量达到58 957万吨,比上一年增加1 836万吨。其中,夏粮产量12 995万吨,早稻产量3 329万吨,秋粮产量42 633万吨。

②推算法。是在总量指标不能直接计算或不必计算的情况下,根据有关资料进行推算或估算。

例如,某地区拥有汽车12万辆,抽样调查结果推断,私家车占10%,采用初步估计,则该地区私家车拥有1.2万辆。

7.1.2 相对指标

1)相对指标的定义

相对指标是两个有联系的总量指标的比值。

一般公式表示为:

$$相对指标 = \frac{子项指标(比数)}{母项指标(基数)}$$

例如,根据国家工业部和信息化部数据显示,2014年1月,全国电话用户净增497.6万户,达到15.01亿户,普及率已经超过了100%。其中,固定电话用户占电话用户总数的比重降至17.7%,移动电话用户占82.3%。户均移动话音业务量下滑明显,户均移动互联网流量激增 38.6%,100%,17.7%,82.3%,38.6%等,这些都是相对指标。利用相对指标,可以将总量指标不能对比的问题变为可比,进一步反映现象间的联系和总体内部的各种比例关系。

2)相对指标的种类

相对指标按用来对比的分子和分母不同,可分为以下 6 种,每种相对指标都能反映某一方面的情况:

①计划完成情况相对数。

②结构相对数。

③比例相对数。

④比较相对数。

⑤强度相对数。

⑥动态相对数。

3)相对指标的计算方法

(1)计划完成情况相对数

计划完成情况相对数,是将某种现象在某一段时间内的实际完成数与计划数进行对比,一般用百分数表示。

计算公式:

$$计划完成情况相对数 = \frac{实际完成数}{计划完成数} \times 100\%$$

计划完成相对数可以检查计划的完成情况,研究计划完成与未完成的原因,找出存在的问题,提出解决问题的措施,保证按时完成和超额完成计划。

计划完成情况相对数在计算时又分为两个具体指标:计划完成程度指标和计划完成进度指标。

①计划完成程度指标。计划完成程度$=\dfrac{本期实际完成数}{本期计划数}\times100\%$(结果检查)

例:润祥公司 10 月份的销售额计划为 50 万元,实际执行结果完成 54 万元,则

$$计划完成程度 = \frac{54}{50} \times 100\% = 108\%$$

计算结果表明,该企业 10 月份的产值超额完成计划 8%。

例:润祥公司生产甲产品,本年度计划单位成本降低 6%,实际降低 7.6%,则:

$$计划完成程度 = \frac{1 - 7.6\%}{1 - 6\%} \times 100\% = 98.3\%$$

计算结果表明,成本降低率比计划多完成 1.7%。

对于计划完成程度指标,如果计划指标只规定最低限额,如产值、销售额、劳动生产率等,实际比计划完成得越多越好,大于 100% 为超额完成计划,等于 100% 为刚刚完成计划,小于 100% 为未完成计划。如果计划指标只规定最高限额,如费用、成本、原材料消耗等,实际比计划完成得越少越好,小于 100% 未超额完成计划,大于 100% 为未完成计划。

②计划完成进度指标(表 7.1)。

$$计划完成进度 = \frac{本期累计实际完成数}{全期计划数} \times 100\% \text{(过程检查)}$$

表 7.1 润祥公司商品销售额的计划完成情况

季 度	计划数 /万元	实际完成数 /万元	计划完成程度 /%	实际累计产值 /万元	计划完成进度/%
第一季度	75	80	107	80	20
第二季度	102	100	98	180	45
第三季度	110	120	109	300	75
第四季度	113	140	124	440	110
合计	400	440	110	—	—

在企业生产经营均衡的前提下,以时间过半,任务过半的标准来确定完成计划的好坏。第一季度到第四季度,应分别完成的计划进度为 25%,50%,75% 和 100%。生产经营非均衡的企业,则按其生产经营的变化规律来判断。如周期性变化,可以与上年同期计划完成进度比较。

(2)结构相对数

结构相对数,是指总体中各个组成部分的数值与总体全部数值之比。它说明总体中各个部分所占的比重,通常用百分数表示。

$$计算公式:结构相对数 = \frac{总体中某一部分的数值}{总体的全部数值} \times 100\%$$

例:2012 年全年固定资产投资(不含农户)364 835 亿元,其中,第一产业投资 9 004 亿元,占投资总额的 2.5%;第二产业投资 158 672 亿元,占投资总额的 43.5%;第三产业投资 197 159 亿元,占总投资额的 54%。

例:2012 年 60 岁及以上人口 19 390 万人,占总人口的 14.3%;65 岁及以上人口 12 714 万人,占总人口的 9.4%。

应用结构相对数能揭示现象的特征,反映人力、物力、财力的利用程度,将不同时间的指标连续观察,可反映事物内部构成的变化过程和趋势。

在美国与西班牙交战期间，美国海军的死亡率是9‰，而同时期纽约市居民的死亡率是16‰。后来，海军征兵人员就用这些数据来证明参军更安全。是否妥当？

数据的确不虚，但问题在于，这两组对象是不可比的。

（3）比例相对数

比例相对数，是指总体中的一部分指标数值与另一部分指标数值之比。在实际工作中，比例相对数可以反映总体各部分之间的比例协调关系。

计算公式：比例相对数 $= \dfrac{\text{总体中某一部分数值}}{\text{总体中另一部分数值}} \times 100\%$

例：2012 年进出口总额比 = 18 178.3（亿美元）：20 489.3（亿美元）= 88.72：100

例：2012 年男女性别比 = 69 395（万）：66 009（万）= 105.13：100

（4）比较相对数

比较相对数，是将同一时期内，某种同类现象在不同地区、部门、单位之间进行对比。比较相对数可以说明同一时期内某同类现象在不同单位之间的差异。

计算公式：比较相对数 $= \dfrac{\text{甲地区（部门、单位）某一指标数值}}{\text{乙地区（部门、单位）同类指标数值}}$

例：发展中国家人口出生率与发达国家人口出生率之比。

例：1201 班期中考试人均成绩（70 分）与 1202 班人均成绩（80 分）之比。

（5）强度相对数

强度相对数，是同一时期内两个性质不同而又有联系的总量指标之比。强度相对数能反映社会现象的分布密度和普及程度，能反映一个国家和地区的经济实力，研究经济效益情况。

计算公式：强度相对数 $= \dfrac{\text{某一总量指标数值}}{\text{另一有联系而性质不同的总量指标数值}}$

例：2012 年，广东惠州市实现全市互联网普及率和家庭宽带普及率分别达到 90% 和 70% 以上，无线宽带人口覆盖率达到 60% 左右。

例：2012 年第一季度，云南省耿马县城镇居民每百户拥有移动电话 228 部，家用汽车每百户有 24 辆。

（6）动态相对数

动态相对数，也称发展速度，是某种现象在不同时期内的同类指标数值之比，主要用来说明现象在时间上的发展变化情况。

计算公式：$动态相对数 = \dfrac{报告期指标数值}{基期指标数值} \times 100\%$

例：2012 年全年粮食产量 58 957 万吨，比 2011 年增产 1 836 万吨，增长 3.2%。请分别指出子项指标和母项指标。

例：2012 年全年中国棉花产量 684 万吨，比上年增产 3.8%。全年猪肉产量 5 335 万吨，较上年下降 5.6%。

注 意

各种相对指标采用的分子、分母不同，计算出的指标的作用也不相同，每个指标都能说明某一个方面的问题，在实际工作中应用广泛。在计算和运用相对指标时，注意要正确选择对比基数，保持分子、分母的可比性（在经济内容、统计范围、计算方法、计算价格、所属时间等方面），综合运用多种相对指标，将相对指标与总量指标结合运用。

练 习

新华工业公司全年的产量资料如表 7.2 所示，计算表中所缺数字，并指出各指标名称。

表 7.2 新华工业公司全年产量计算表

	计 划		实 际		完成计划百分比	去年同期产量	本年实际产量占去年的百分比
	产量	占总产量比重	产量	占一厂的百分比			
单位	万辆	%	万辆	%	%	万辆	%
栏目	(1)	(2)	(3)	(4)	(5)	(6)	(7)
一厂 二厂 三厂	100 150		105 260	100.00 151.43	106 104	90 143 245	
合计	500	100.0			—		
指标名称							

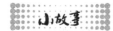

美国政府要求商家在制作兔肉三明治时,兔肉所占的比例不得低于 50%,而当人们询问一名街头小贩的兔肉三明治卖的价钱为何如此便宜时。他回答道:"哦,我当然得掺一些马肉,但我的比例依旧控制在一比一,即一匹马,一只兔子。"

美国霍普金斯大学开始接受女生时,一个不赞成异性同校的记者作了一个惊人的报道:霍普金斯大学 1/3 的女生嫁给了该校的老师,一时舆论哗然。后来,另一个记者到该校弄清了真相:该校总共有 3 名女生,其中 1 名嫁给了老师。

7.1.3　平均指标

1)平均指标的定义

平均指标是表明同质总体各单位某一数量标志值的一般水平或代表性水平的指标。

平均指标可以消除因总体范围不同而产生的总体数量差异,使不同总体具有可比性,可以说明现象总体发展变化集中趋势,分析社会经济现象之间的依存关系。

平均指标在现实生活中用得比较多。例如:2012 年上半年,武汉城市居民人均可支配收入 14 585 元,农村居民人均现金收入 6 892 元,某班级数学期中考试平均成绩 80 分,等等,都需要用到平均指标。

2)平均指标的种类

平均指标有算术平均数、调和平均数、几何平均数、中位数和众数 5 种。它们的计算方法不同,指标含义、应用条件也各不相同。这里主要介绍算术平均数的计算。

3)平均指标的计算方法

(1)简单算术平均数

简单算术平均数是将各单位的标志值 x_i 直接相加得出标志总量,再除以总体单位数 n,就得到简单算术平均数。

其计算公式为:$\bar{x} = \dfrac{x_1 + x_2 + x_3 + \cdots + x_n}{n} = \dfrac{\sum x}{n}$

式中　$\bar{x}$——算术平均数;

　　　x——各个标志值;

　　　n——总体单位数;

　　　$\sum$——总和符号。

例:某班组 7 人月销售额分别为 40,38,40,50,40,50,40 万元,计算该班组每人月平均销售额。

$$\bar{x} = \frac{40 + 38 + 40 + 50 + 40 + 50 + 40}{7} = 42.57(万元/人)$$

由于掌握的资料是总体各单位的标志值,而且没有经过分组,或虽分组但各组次数分配相等,即可用算术平均数计算。

(2)加权算术平均数

加权算术平均数是具有不同比重的数据(或平均数)的算术平均数。

比重也称为权重,数据的权重反映了该变量在总体中的相对重要性,每种变量权重的确定与一定的理论经验或变量在总体中的比重有关。依据各个数据的重要性系数(即权重)进行相乘后再相加求和,就是加权和。加权和与所有权重之和的比等于加权算术平均数。

此时,用加权算术平均数计算,其基本公式为:

$$\bar{x} = \frac{x_1 f_1 + x_2 f_2 + x_3 f_3 + \cdots + x_n f_n}{f_1 + f_2 + f_3 + \cdots + x_n f_n} = \frac{\sum xf}{\sum f}$$

式中　xf——各组标志总量;

　　　f——各组单位数或权数。

将上例资料整理,得到如下单项式数列(如表 7.3 和表 7.4)。

表 7.3　某班组月销售额资料

按销售额分组/万元	人数/人
38	1
40	4
50	2
合计	7

表7.4　某班组月人均销售额计算表

按销售额分组/万元(x)	人数/人(f)	总销售额/万元(xf)
38	1	38
40	4	160
50	2	100
合计	7	298

$$\bar{x} = \frac{\sum xf}{\sum f} = \frac{298}{7} = 42.57(万元／人)$$

从上述计算可以看出:平均销售额的大小,不仅取决于各组变量值的大小,同时也取决于各组单位数(f),即各组变量值的个数多少。某组数值出现次数多,平均数受该组的影响就较大;反之,某组数值出现次数少,对平均数影响就小。在变量值一定的情况下,次数对平均数大小起着权衡轻重的作用,所以,也把次数称为权数。

例:整理某包装车间某日生产情况的资料,得到如下组距式数列(如表7.5)。

表7.5　某包装车间某日生产情况资料

日包装量/件	工人数/人	比重/%
400 以下	5	8.3
400~500	13	21.7
500~600	18	30.0
600~700	15	25.0
700~800	7	11.7
800 以上	2	3.3
合计	60	100.0

试计算人均日包装量(如表7.6)。

表 7.6 某包装车间某日人均包装量计算表

日包装量/件	组中值	工人数/人		$x \cdot f$	$x \cdot f / \sum f$
	x	f	$f / \sum f$		
400 以下	350	5	8.3	1 750	29.05
400~500	450	13	21.7	5 850	97.65
500~600	550	18	30.0	9 900	165.00
600~700	650	15	25.0	9 705	162.50
700~800	750	7	11.7	5 250	87.75
800 以上	850	2	3.3	1 700	28.05
合计	—	60	100.0	34 200	570.00

$$\bar{x} = \frac{\sum xf}{\sum f} = \frac{34\ 200}{60} = 570(件/人)$$

$$\bar{x} = 29.05 + 97.65 + 165.00 + 162.50 + 87.75 + 28.05 = 570(件/人)$$

小笑话

问:你只有10平方米的房屋,邻居从90平方米换到190平方米,你的居住面积有没有增加?

答:没有。

错。你在平均住房面积里增加了50平方米。

我们常常会被各种各样的统计数字所欺骗和愚弄,但我们却并非能够敏锐地洞察一切,原因就是我们首先被玄之又玄的数字所迷惑,忘记了这些数字也许是被精心挑选出来的。

7.1.4 标志变异指标

1)定义

标志变异指标,是反映总体总单位在某一数量标志值的差异程度的指标。

标志变异指标与平均指标一起从不同的侧面反映同一对象的特征,两者是一对紧密联系的分析指标,经常结合起来应用。

平均指标可以反映某一数量标志值的一般水平,却把各个单位之间的差异抽象掉了,但同质总体中各单位标志值的差异是客观存在的。为了全面认识研究对象,就用平均指标来说明数列中标志值分布的集中趋势,用标志变异指标说明标志值分布的离中趋势。

标志变异指标可以衡量平均指标代表性的大小。一般标志变异指标越小,平均指标代表性越大;标志变异指标越大,平均指标代表性就越小。标志变异指标还可以研究现象的均衡性、稳定性和节奏性。

2)种类

标志变异指标包括:全距、标准差、标准差系数等。

3)计算方法

(1)全距

全距又称极差,是总体各单位中最人标志值与最小标志值之差,一般用 R 表示。

全距的计算公式为:$R = X_{\max} - X_{\min}$

例如:5 月份 1 班学生生活费人均支出 420 元,其中,最高生活费支出 800 元,最低生活费支出 300 元。2 班学生生活费人均支出同样是 420 元,其中,最高生活费支出 600 元,最低生活费支出 350 元。试判断两个班级中哪个班级生活费支出更均衡一些?

$R_1 = 800 - 300 = 500(元)$

$R_2 = 600 - 350 = 250(元)$

计算结果表明:虽然两个班级学生生活费人均支出都是 420 元,但 1 班学生生活费支出的全距是 500 元,2 班学生生活费支出的全距是 250 元。显然,2 班学生生活费支出的差异小些,即更均衡一些。

(2)标准差

标准差是总体各单位标志值与其平均数离差平方的平均数的算术平方根。

标准差是测量标志变异程度最常用的、最主要的也是最合理的指标,在实际工作中应用广泛。由于掌握的资料不同,标准差的计算分为两种情况。

①简单平均法。在资料未分组的条件下,可采用简单平均法计算标准差,其计算公式为:

$$\sigma = \sqrt{\frac{(x - \bar{x})^2}{n}} \quad (简单式)$$

②加权平均法。在资料分组的条件下,可采用加权平均法计算标准差,其计算公式为:

$$\sigma = \sqrt{\frac{\sum (x - \bar{x})^2 f}{\sum f}} \text{(加权式)}$$

式中 σ——标准差;

f——权数。

例如:某企业职工工资资料如表7.7所示,则其工资标准差计算如表7.8所示。

表7.7 某企业职工工资资料

月工资/元	职工人数/人
1 000以下	30
1 001~2 000	43
2 001~4 000	80
4 001~6 000	70
6 001~8 000	20
8 000以上	17
合计	260

表7.8 某企业职工工资标准差计算表

按月工资分组/元	组中值 x	职工人数/人 f	工资总额 xf	离差 $x-\bar{x}$	$(x-\bar{x})^2 f$
1 000以下	900	30	27 000	-2 848	243 333
1 001~2 000	1 500	43	64 500	-2 248	217 300 672
2 001~4 000	3 000	80	240 000	-748	44 760 320
4 001~6 000	5 000	70	350 000	1 252	109 725 280
6 001~8 000	7 000	20	140 000	3 252	211 510 080
8 000以上	9 000	17	153 000	5 252	468 919 568
合计	—	260	974 500	—	1 052 459 253

$$\bar{x} = \frac{\sum xf}{\sum f} = \frac{974\ 500}{260} = 3\ 748(\text{元})$$

$$\sigma = \sqrt{\frac{\sum (x - \bar{x})^2 f}{\sum f}} = \sqrt{\frac{1\,052\,459\,253}{260}} = 2\,011.94\,(元)$$

（3）标准差系数

标准差是反映标志变动度的绝对指标,其数值的大小不仅受标准差影响,而且还受平均数高低的影响。因此,在比较两个数列的标准差,衡量其平均指标的代表性时,如果两个总体平均水平不同,就不能简单用标准差比较,而应分析标准差的相对指标,即标准差系数。

标准差系数,又称均方差系数,它是反映标志变动程度的相对指标,其计算公式为:

$$V = \frac{\sigma}{\bar{x}} \cdot 100\%$$

式中　V——标准差系数;

　　　σ——标准差;

　　　$\bar{x}$——平均数。

例如:另有一企业职工月平均工资为 860 元,标准差为 153.24 元,结合上述企业资料,试比较两企业平均工资代表性大小。

$$V_1 = \frac{306.94}{958.27} = 32.03\%$$

$$V_2 = \frac{153.24}{860} = 17.82\%$$

计算结果表明:第二个企业比第一个企业平均工资的代表性好。这与单纯用标准差比较的结论恰好相反。

7.2　对调查资料进行动态分析

在经济学中,动态分析是对经济变动的实际过程所进行的分析,其中包括分析有关变量在一定时间过程中的变动,这些经济变量在变动过程中的相互影响和彼此制约的关系,以及它们在每一个时间点上变动的速率,等等。动态分析法的一个重要特点是考虑时间因素的影响,并将经济现象的变化当作一个连续的过程来看待。

动态分析与静态分析相比较,存在以下区别:静态分析与动态分析是两种有着质的区别的分析方法,二者分析的前提不同,适用的条件不同,因此,二者得出的结论常常不一致,甚至常常相反。必须记住的是:静态分析的结论是不能用动态分析来验证的,也是不能用动态分析来证伪的。

7.2.1 动态数列的编制

动态分析的依据是动态数列。动态数列又称为时间数列,是指同一总体现象的指标数值按其发生的时间顺序排列而成的数列。

如表 7.9 所示,时间数列由两个基本要素构成:一是资料所属时间;二是各时间上的指标数值。

表 7.9 近 4 年我国城乡居民收入改善情况

指 标	单 位	2009 年	2010 年	2011 年	2012 年
城镇居民人均可支配收入	元	17 175	19 109	21 810	24 565
农村居民人均纯收入	元	5 153	5 919	6 977	7 917

时间数列主要用来分析研究现象发展变动的数量特征和规律。常用的分析方法有动态水平分析和动态速度分析。

7.2.2 动态水平分析指标

动态水平分析包括的指标体系有:发展水平、平均发展水平、增长量、平均增长量等。

1)发展水平

构成时间数列的每个指标称为发展水平。发展水平一般是指总量指标,也可以是相对指标或平均指标。

根据发展水平所处的位置不同,通常把时间数列中第一个指标数值叫最初水平,最后一个指标数值叫最末水平,其余各指标数值叫中间水平。在对两个时期的发展水平做动态对比时,作为对比基期时期的水平叫基期水平,作为研究时期的指标水平称为报告期水平。如果用符号 a 表示发展水平,则各时期的发展水平分别表示为 $a_0, a_1, a_2, \cdots, a_{n-1}, a_n$。

如表 7.10 所示为 2005 年到 2013 年我国汽车生产情况统计表,反映我国各年汽车生活数量的变化。

表 7.10 2005—2013 年我国汽车生产情况

年 份	2005	2006	2007	2008	2009	2010	2011	2012	2013
生产汽车/万辆	570	728	889	935	1 379	1 826	1 841	1 927	1 960

资料来源:《国民经济和社会发展情况公报》。

表中,2005 年的汽车产量 570 万辆为最初水平(a_0),2013 年的 1 960 万辆为最末水平(a_n),其余年份的产量为中间水平。2005 年的产量为基期水平,2013 年的产量为报告期水平,而中间的产量既可以作报告期水平,又可以作基期水平,它随研究时间和目的的不同而分别确定。

2)平均发展水平

平均发展水平,又称序时平均数,就是将不同时期的发展水平加以平均而得到的平均数。它与一般平均数有相同点,也存在着区别。

发展水平可以用绝对数表示,也可以用相对数或平均数表示。所以,序时平均数可以根据绝对数动态数列计算,也可以根据相对数动态数列或平均数动态数列计算。其中,绝对数动态数列序时平均数的计算方法是最基本的方法。

(1)由绝对数时间数列计算序时平均数

按照绝对数所反映的社会经济现象的不同性质,绝对数动态数列又可分为时期数列和时点数列两种。

①由时期数列计算序时平均数。时期数列,是指每一指标所反映的是某种社会经济现象在一定时期内发展过程及其发展水平的绝对数动态数列。

其公式为:$\bar{a} = \dfrac{\sum a}{n}$

例如:根据 2005—2013 年我国汽车产量资料,计算近 9 年汽车年平均产量。

$$\bar{a} = \frac{\sum a}{n} = \frac{570+728+889+935+1\ 379+1\ 826+1\ 841+1\ 927+1\ 960}{9}$$

$$= 1\ 339(万辆)$$

②由时点数列计算序时平均数。时点数列,是指每个指标所反映的都是某种社会经济现象在某一时点(或时刻)上的状态及发展水平的绝对数动态数列。时点数列按掌握的资料不同又分为连续时点数列和间断时点数列。

第一,连续时点数列。是按日登记的时点数列,它有两种情况:

第一种是间隔相等(逐日登记排列)——用简单平均法。

$$\bar{a} = \frac{\sum a}{n}$$

另一种是间隔不等(非逐日登记排列)——以时间间隔为权数的加权平均法。

$$\bar{a} = \frac{\sum af}{\sum f}$$

第二,间断时点数列。间断时点数列一般是由月末、季末或年末登记排列而成的数列,它也有两种情况。

第一种是间隔相等——用首尾折半法。

$$\bar{a} = \frac{\dfrac{a_1 + a_2}{2} + \dfrac{a_2 + a_3}{2} + \cdots + \dfrac{a_{n-1} + a_n}{2}}{n-1} = \frac{\dfrac{a_1}{2} + a_2 + a_3 + \cdots + \dfrac{a_n}{2}}{n-1}$$

例如:某企业第一季度月初商品库存量如表 7.11 所示,用首尾折半法计算其商品库存量的序时平均数。

表 7.11　某企业第一季度月初商品库存量

月　初	1	2	3	4
商品库存量/万元	800	1 000	1 200	1 250

$$\bar{a} = \frac{\dfrac{a_1}{2} + a_2 + a_3 + \cdots + \dfrac{a_n}{2}}{n-1} = \frac{\dfrac{800}{2} + 1\,000 + 1\,200 + \dfrac{1\,250}{2}}{4-1} = 1\,075(万元／月)$$

第二种是间隔不等——以时间间隔为权数的加权平均法。

$$\bar{a} = \frac{\dfrac{a_1 + a_2}{2}f_1 + \dfrac{a_2 + a_3}{2}f_2 + \cdots + \dfrac{a_{n-1} + a_n}{2}f_{n-1}}{f_1 + f_2 + \cdots + f_n}$$

其中,f 是权数,这里表示时间间隔。

例如:某企业 2012 年职工人数情况如表 7.12 所示,用加权平均法计算其职工人数的序时平均数。

表 7.12　某企业 2012 年职工人数情况

时　间	1/1	1/4	1/8	1/13
职工人数	500	560	580	600

$$\begin{aligned}
\bar{a} &= \frac{\dfrac{a_1 + a_2}{2}f_1 + \dfrac{a_2 + a_3}{2}f_2 + \cdots + \dfrac{a_{n-1} + a_n}{2}f_{n-1}}{f_1 + f_2 + \cdots + f_n} \\[2mm]
&= \frac{\dfrac{500 + 560}{2} \times 3 + \dfrac{560 + 580}{2} \times 4 + \dfrac{580 + 600}{2} \times 5}{3 + 4 + 5} = 568.3(人)
\end{aligned}$$

（2）由相对数或平均数时间数列计算序时平均数

由于相对数或平均数时间数列是派生数列，即数列中各项指标都是由两个总量指标对比计算出来的，所以，由相对数或平均数时间数列计算序时平均数，应分别计算分子、分母数列的序时平均数，然后再相比求得商。计算公式为：

$$\bar{c} = \frac{\bar{a}}{\bar{b}}$$

式中　$\bar{c}$——相对数或平均数时间数列序时平均数；

　　　$\bar{a}$——分子数列序时平均数；

　　　$\bar{b}$——分母数列序时平均数。

具体计算又分为以下 3 种情况：

①分子、分母都是时期数列。

$$\bar{c} = \frac{\bar{a}}{\bar{b}} = \frac{\dfrac{\sum a}{n}}{\dfrac{\sum b}{n}} = \frac{\sum a}{\sum b}$$

例：某企业的产值完成情况资料如表 7.13 所示，计算其产值的序时平均数。

表 7.13　某企业上半年产值完成情况

月　份	1	2	3	4	5	6
计划产值/万元	20	25	32	38	48	55
实际产值/万元	18	26	32.5	38	55.2	56.1
计划完成/%	90	104	110	100	115	102

$$\bar{c} = \frac{\bar{a}}{\bar{b}} = \frac{\sum a}{\sum b}$$

$$= \frac{18+26+32.5+38+55.2+56.1}{20+25+32+38+48+55}$$

$$= 103.58\%$$

例：某企业某产品的单位成本资料如表 7.14 所示，计算该企业第一季度平均单位成本。

表 7.14 某企业一季度产品单位成本

月　份	1	2	3
产品总成本/元(a)	2 070	2 300	2 940
产品产量/件(b)	180	230	245
单位产品成本/(元·件$^{-1}$)(c)	11.50	10.00	12.00

$$\bar{c} = \frac{\bar{a}}{\bar{b}} = \frac{\sum a}{\sum b}$$

$$= \frac{2\ 070 + 2\ 300 + 2\ 940}{180 + 230 + 245}$$

$$= 11.16(\text{元/件})$$

②分子、分母都是时点数列。

分子、分母分别根据不同的资料特点,先求出序时平均数,再相比。

例:某学校全体职工及教师人数资料如下表,计算教师占全体职工比重的序时平均数。

表 7.15 某学校全体职工及教师人数资料

日　期	3 月 31 日	4 月 30 日	5 月 31 日	6 月 30 日
全体职工人数(b)	86	98	120	116
教师人数(a)	63	78	98	94
教师占全体职工比重/%	73.3	79.6	81.7	81.0

$$\bar{c} = \frac{\bar{a}}{\bar{b}} = \frac{\dfrac{\left(\dfrac{a_1}{2} + a_2 + a_3 + \cdots + a_{n-1} + \dfrac{a_n}{2}\right)}{n-1}}{\dfrac{\left(\dfrac{b_1}{2} + b_2 + b_3 + \cdots + b_{n-1} + \dfrac{b_n}{2}\right)}{n-1}}$$

$$= \frac{\dfrac{a_1}{2} + a_2 + a_3 + \cdots + a_{n-1} + \dfrac{b_n}{2}}{\dfrac{b_1}{2} + b_2 + b_3 + \cdots + b_{n-1} + \dfrac{b_n}{2}}$$

$$= \frac{\frac{63}{2}+78+98+\frac{94}{2}}{\frac{86}{2}+98+120+\frac{116}{2}}$$

$$= 79.8\%$$

③分子和分母,一个是时期数列,一个是时点数列。

分子、分母分别进行序时平均后,再相比。

例如:可多超市 2012 年上半年零售额和库存额资料如表 7.16 所示,试计算上半年月平均商品流转次数。

表 7.16　可多超市 2012 年上半年零售额和库存额资料

月　份	1	2	3	4	5	6	7
商品零售额/万元	2 108	2 156	1 842	1 873	2 011	1 745	1 637
月初库存额/万元	690	670	655	675	698	640	710
商品流转次数	3.1	3.3	2.8	2.7	3.0	2.6	—

商品流转次数是强度相对指标,是用商品零售额除以同期平均商品库存额求得的。根据这一相对数数列计算序时平均数时,分子是时期数列,分母是时点数列,分子、分母应分别计算序时平均数,再相比。

$$\bar{c} = \frac{\bar{a}}{\bar{b}} = \frac{\dfrac{2\ 108+2\ 156+1\ 842+1\ 873+2\ 011+1\ 745}{6}}{\dfrac{\dfrac{690}{2}+670+655+675+698+640+\dfrac{710}{2}}{6}} = 2.9(次)$$

3)增长量

增长量,是指报告期水平与基期水平之差。它反映了社会经济现象在一定时期内报告期比基期增减的绝对数量。其计算公式为:

增长量=报告期水平-基期水平

当报告期水平大于基期水平,即现象水平增长时,表现为正值;反之,现象水平下降时,表现为负值。由于所选基期的不同,增长量分为逐期增长量和累积增长量。

逐期增长量=报告期水平-报告期前期水平,即 $a_1-a_0,a_2-a_1,\cdots,a_n-a_{n-1}$

累计增长量=报告期水平-固定期水平,即 $a_1-a_0,a_2-a_0,\cdots,a_n-a_0$

两者之间的关系为：累计增长量 $= \sum$ 逐期增长量。即：$(a_1 - a_0) + (a_2 - a_1) +$

$\cdots + (a_n - a_{n-1}) = a_n - a_0$

表 7.17 反映的是 2004 年到 2012 年我国汽车增长量变化。

表 7.17　2004—2012 年我国汽车生产增长量

年　份		2004	2005	2006	2007	2008	2009	2010	2011	2012
生产汽车/万辆		507	570	728	889	935	1 379	1 826	1 841	1 927
增长量	逐期	0	63	158	161	46	444	447	15	86
	累计	0	63	221	382	428	872	1 319	1 334	1 420

4）平均增长量

平均增长量是说明社会经济现象在一定时期内平均每期增长的数量。从广义上说，它也是一种序时平均数，即是逐期增长量时间数列的序时平均数，反映现象的平均增长水平。其计算公式为：

$$\text{平均增长量} = \frac{\text{逐期增长量之和}}{\text{逐期增长量个数}} = \frac{\text{累计增长量}}{\text{时间数列项数} - 1}$$

例如：根据 2004—2012 年我国汽车产量资料，计算汽车产量的年平均增长量。

$$\text{平均增长量} = \frac{\text{逐期增长量之和}}{\text{逐期增长量个数}}$$

$$= \frac{63 + 158 + 161 + 46 + 444 + 447 + 15 + 86}{8}$$

$$= 177.5（\text{万辆/年}）$$

或

$$\text{平均增长量} = \frac{\text{累计增长量}}{\text{时间数列项数} - 1} = \frac{1\ 420}{9 - 1} = 177.5（\text{万辆/年}）$$

7.2.3　动态速度分析指标

1）发展速度

发展速度，是表明社会经济现象发展程度的相对指标。它由不同时期的发展水平对比求得，一般用百分数或倍数表示，其计算公式为：

$$\text{发展速度} = \frac{\text{报告期水平}}{\text{基期水平}}$$

在计算发展速度时，由于采用的基期不同，可分为定基发展速度和环比发展速度。这两种发展速度可用公式表示如下：

$$环比发展速度 = \frac{a_1}{a_0}, \frac{a_2}{a_1}, \frac{a_3}{a_2}, \cdots, \frac{a_n}{a_{n-1}}$$

$$定基发展速度 = \frac{a_1}{a_0}, \frac{a_2}{a_0}, \frac{a_3}{a_0}, \cdots, \frac{a_n}{a_0}$$

两者之间的关系：定基发展速度 = $\prod$ 环比发展速度。即：

$$\frac{a_1}{a_0} \cdot \frac{a_2}{a_1} \cdot \frac{a_3}{a_2} \cdot \cdots \cdot \frac{a_n}{a_{n-1}} = \frac{a_n}{a_0}$$

表 7.18 2004—2012 年我国汽车生产发展速度

年　份		2004	2005	2006	2007	2008	2009	2010	2011	2012
生产汽车/万辆		507	570	728	889	935	1 379	1 826	1 841	1 927
发展速度 /%	环比	100	112.43	127.72	122.12	105.17	147.49	132.41	100.82	104.67
	定基	100	112.43	143.59	175.35	184.42	271.99	360.15	363.12	380.08

2）平均发展速度

平均发展速度，是各个时期环比发展速度的序时平均数。由于环比发展速度是根据同一现象在不同时期发展水平对比而得出的动态相对数，因此，它不能应用上述所讲的计算序时平均数的方法来计算。

现象发展的平均速度一般用几何平均法计算，用公式表示为：

$$\bar{x} = \sqrt[n]{x_1 \cdot x_2 \cdot x_3 \cdot \cdots \cdot x_n} = \sqrt[n]{\prod x} \qquad （公式1）$$

式中　$\bar{x}$——平均发展速度；

　　　x——各年环比发展速度；

　　　n——环比发展速度的项数；

　　　$\prod$——连乘符号。

由于定基发展速度等于相应时期各环比发展速度的连乘积，所以，平均发展速度的计算公式还可表示为：

$$\bar{x} = \sqrt[n]{x_1 \cdot x_2 \cdot x_3 \cdot \cdots \cdot x_n} = \sqrt[n]{\frac{a_n}{a_0}} \qquad （公式2）$$

一段时期的定基发展速度即为现象的总速度。用 R 表示总速度，则平均发展速度的公式还可写为：

$$\bar{x} = \sqrt[n]{\frac{a_n}{a_0}} = \sqrt[n]{R} \qquad （公式3）$$

计算平均发展速度时,根据掌握的资料可选用以上任何一个公式。如果掌握了各期环比发展速度,可用(公式 1)计算;如果掌握了最初水平和最末水平,可用(公式 2)计算;如果掌握了总速度,则可直接用(公式 3)计算。

例:根据 2004—2012 年我国汽车产量资料,计算汽车产量年平均发展速度。

$$\bar{x} = \sqrt[n]{x_1 \cdot x_2 \cdot x_3 \cdots x_n}$$

$$= \sqrt[8]{112.43\% \cdot 127.72\% \cdots 100.82\% \cdot 104.67\%}$$

$$= \sqrt[n]{\frac{a_n}{a_0}} = \sqrt[8]{\frac{1\,927}{507}}$$

$$= \sqrt[8]{380.08\%}$$

$$= 118.16\%$$

3)增长速度

增长速度是增长量与基期发展水平之比,通常用百分数或倍数表示。

其计算公式为:

$$增长速度 = \frac{增长量}{基期水平} = \frac{报告期水平 - 基期水平}{基期水平} = \frac{报告期水平}{基期水平} - 1$$

$$= 发展速度(1 \text{ 或 } 100\%)$$

由于采用的基期不同,增长速度也有定基增长速度和环比增长速度之分。即:

$$定基增长速度 = 定基发展速度 - 1 = \frac{a_n}{a_0} - 1$$

$$环比增长速度 = 环比发展速度 - 1 = \frac{a_n}{a_{n-1}} - 1$$

定基增长速度,是累计增长量与某一固定时期水平之比,它反映社会经济现象在较长时期内总的增长速度。

环比增长速度,是逐期增长量与前一期发展水平之比,它反映社会经济现象在前一时期的增长速度。

由此可见,发展速度大于 1,则增长速度为正值,说明社会经济现象增长的程度时用"增加了"表示;反之,发展速度小于 1,则增长速度为负值,说明社会经济现象降低的程度时用"降低了"表示。

4)平均增长速度

平均增长速度是各期环比增长速度的序时平均数,它表明现象在一定时期内逐期平均增长变化的程度。根据增长速度与发展速度之间的运算关系计算平均增

长速度,首先要计算平均发展速度,然后将其减1求得。即:
$$平均增长速度=平均发展速度-1$$

平均发展速度大于1,平均增长速度为正值,表明现象在一个较长时期内逐期平均递增的程度,这个指标也叫"平均递增速度"或"平均递增率";反之,平均发展速度小于1,平均增长速度为负值,表明现象在一个较长时期内逐期平均递减的程度,这个指标也叫"平均递减速度"或"平均递减率"。

7.3 对调查问卷的统计分析

7.3.1 定性分析

定性分析是一种探索性调研方法,其目的是对问题定位或启动提供比较深层的理解和认识,或利用定性分析来定义问题或寻找处理问题的途径。但是,定性分析的样本一般比较少(通常不超过30),其结果的准确性可能难以捉摸。实际上,定性分析在很大程度上依靠参与工作的调查人员的天赋、眼光和对资料的特殊解释,没有任何两个定性调查人员能从他们的分析中得到完全相同的结论。因此,定性分析要求投入的分析者具有较高的专业水平,并且优先考虑那些做调查资料收集与统计工作的人员。

定性分析的具体方法有:对比法、演绎法、归纳法、比较分析法、结构分析法。

7.3.2 定量分析

在对问卷进行初步的定性分析后,可再对问卷进行更深层次的研究——定量分析。问卷定量分析首先要对问卷数量化,然后利用量化的数据资料进行分析。

1)简单的定量分析

(1)对封闭式问题的定量分析

封闭式问题是设计者已经将问题的答案全部给出,被调查者只能从中选取答案。

例如:您喜欢看什么类型的影片?(限选一项)

科幻片——1   警匪片——2
文艺片——3   其他——4

对于全部50人次访问的回答,可以简单地统计每种回答的数目并将结果整理成表(如表7.19)。

表 7.19

影片类型	编 码	人数/人	比重/%
科幻片	1	13	26
警匪片	2	18	36
文艺片	3	22	44
其他	4	7	14
合计	—	50	100

(2)对开放式问题的定量分析

开放式问题是指问卷设计者不给出确切答案,而由被调查者自由回答。

例如:您为什么不想海外旅游? 对于开放式问题可能有几十种甚或几百种答案。对于这几百种答案,就很难进行分析。因此对于这种问题必须进行分类处理(如表 7.20)。

表 7.20

理 由	人数/人	百分比/%
时间原因	25	50
金钱原因	10	20
安全原因	8	16
纯粹不喜欢	5	10
其他	2	4
合计	50	100

(3)数量回答的定量分析

数量回答的定量分析,即回答结果为数字。"您认为智能手机的理想价格是多少?"对于这类问题,最好的方法是对量化后的数据进行区间处理,区间范围在很大程度上是靠经验和专业知识来划分的。

例如:您认为智能手机的理想价格是:

□ 1 000 元左右,具有基本通话功能

□ 1 500 元左右,具有基本通话功能

□ 2 000 元左右,可高速无线上网

□ 2 500 元左右,中文显示、短消息、高速无线上网

□ 3 000 元左右,中文显示、短消息、实时网上浏览、高速无线上网

表 7.21

价 位	人 数/人	百分比/%
1 000 元以下(含 1000 元)	10	20
1 000~2 000 元	25	50
2 000~3 000 元	15	30
合 计	50	100

2)复杂的定量分析

简单分析常用于单变量和双变量的分析,但是社会经济现象是复杂多变的,仅用两个变量难以满足需要。这时就需要用到复杂定量分析,对问卷深入研究。前面所讲的统计资料静态分析指标和动态分析指标均属于复杂的定量分析。

【做一做】

一、实训活动

项目:结合具体课题拟定定量分析方案

◎ 目的

掌握定量分析方案的写作要求和方法,培养独立思考问题的能力,培育团队协作精神和能力。

◎ 组织

1.小组各成员结合所选定的调研课题和搜集的资料拟订定量分析的具体方案,然后小组内进行讨论,拟订小组最后的方案,参与老师组织的讨论。

2.老师组织小组之间进行交流,对各小组的定量分析方案进行讨论。

3.学习小组将完善的分析方案提交给老师进行评定。

◎ 要求

1.每位同学积极参与,提出自己的分析方案,并说明理由。

2.定量分析应从多个方面进行综合进行。

3.必须用电子文件和纸质文件的形式将最终结果上交给老师。

二、经典案例阅读

中国基尼系数反映出收入差距比较大

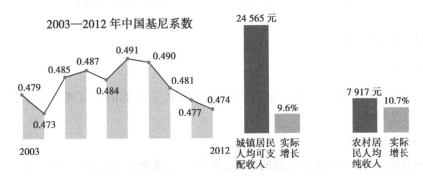

2003—2012 年中国基尼系数

2012 年中国城乡居民收入

国家统计局首次公布了 10 年来中国的基尼系数。2012 年中国的基尼系数为 0.474,这一数据"反映出收入差距还是比较大"。

自 2008 年起逐年回落,这也是统计局首次公布这 10 年中国的基尼系数。

基尼系数是用于衡量居民收入差距的常用指标,数值越大,说明收入差距越大。按照国际一般标准,0.4 以上表示收入差距较大。

公布的数据显示,除 2004 年出现下降外,从 2003 年开始,中国的基尼系数一路走高,在 2008 年达到最高点,此后中国的基尼系数开始逐年下降。2012 年中国的基尼系数为 0.474。根据世界银行的数据,2010 年全球基尼系数平均为 0.44。

数据说明了加快收入分配改革、缩小收入差距的紧迫性。行业间差距超 4 倍,城乡差距大概有 3 倍。按照城镇工资统计,高收入行业和低收入行业大概有 4 倍以上的差距。要科学地、客观地、理性地分析中国的收入差距。只有这样,才能制订出科学的、理性的收入分配改革方案。

分析:"公布样本可信度会更高"

如何看待此次统计局发布的基尼系数? 中国人民大学经济学院副院长刘元春表示,必须要看抽样调查的方法、原始数据、测算方法。只有在这些都一致的情况下,相互对比才有意义。

刘元春表示,统计局在公布数字的同时,如果能公布样本和原始数据,会显得更有可信度和科学性。

对于统计局与西南财大公布数据的不一致,刘元春认为,可能西南财大的样本要少一些,"如果大样本抽 1 000 户,假如这里面有一个亿万富翁,一下子就把基尼系数拉高了。"

刘元春介绍,发达国家的基尼系数一般在0.2左右,一些非洲国家的基尼系数在0.5左右,甚至达到0.6。作为发展中国家,中国官方公布的数据还不到0.5,这一方面说明中国收入差距较大,同时也说明政府采取的一些民生和扶贫措施,产生了一定的作用。

思考:你知道基尼系数吗?如何看待我们国家当前的基尼系数?

【关键词汇】

1.定性分析

定性分析是根据社会现象或事物所具有的属性,从事物的内在规定性来研究事物的一种方法。

2.定量分析

定量分析,要求本着实事求是的态度,掌握全面、准确的资料,运用各种科学分析方法,通过对数量的研究,认识事物的本质及其发展规律。

3.静态分析

静态分析,就是分析经济现象的均衡状态以及有关的经济变量达到均衡状态所具备的条件,它完全抽象掉了时间因素和具体的变化过程,是一种静止地、孤立地考察某种经济事物的方法。

4.动态分析

动态分析是对经济变动的实际过程所进行的分析,其中包括分析有关变量在一定时间过程中的变动,这些经济变量在变动过程中的相互影响和彼此制约的关系,以及它们在每一个时点上变动的速率,等等。

【任务检测】

一、单项选择题

1.( )是认识客观事物的起点。

　　A.总量指标　　　B.相对指标　　　C.平均指标　　　D.变异指标

2.全国粮食总产量与全国人口数之比属于( )。

　　A.比例相对数　　B.强度相对数　　C.比较相对数　　D.动态相对数

3.某商业企业去年商品销售额为400万元,今年计划增长5%,而实际完成445万元,其超额完成计划( )。

　　A.105.95%　　　B.5.95%　　　　C.106.25%　　　D.6.25%

4.10 年内每年年末国家黄金储备量是(   )。

    A.发展速度   B.增长速度   C.时期指标   D.时点指标

5.产品成本从 2008 年到 2012 年总的发展速度为 95.3%,则说明该产品成本平均每年的发展速度为(   )。

    A.23.83%   B.76.17%   C.98.8%   D.1.2%

6.某车间月初工人人数资料如下表所示:

1月	2月	3月	4月	5月	6月	7月
280	284	280	300	302	304	320

那么,该车间上半年的月平均人数为(   )。

    A.345   B.300   C.201.5   D.295

7.某企业第一、第二季度和下半年的原材料平均库存额分别为 10 万元、15 万元和 20 万元,则全年的平均库存额为(   )。

    A.15 万元   B.16.25 万元   C.11.25 万元   D.14.85 万元

8.某企业连续 3 年净产值增长率分别为 1%,4% 和 3%,则该企业 3 年净产值总的增长率为(   )。

    A.12%   B.8.19%   C.4%   D.7.81%

二、多项选择题

1.综合指标按其作用和表现形式的不同,可分为(   )。

    A.总量指标   B.相对指标   C.平均指标   D.变异指标

2.总量指标的计算方法有两种(   )。

    A.直接计量法   B.推算法   C.对比法   D.平均法

3.总量指标按反映的时间状况不同,可分为(   )。

    A.时期指标   B.时点指标   C.平均指标   D.总体指标

4.下列数列中,属于时期数列的是(   )。

    A.第 5 次人口普查数   B.某厂近 5 年的钢产量

    C.北京市近 5 年的企业数   D.某店各季末商品库存量

    E.某店 2000—2005 年商品销售量

5.标志变异指标还可以研究现象的(   )。

    A.均衡性   B.稳定性   C.节奏性   D.代表性

6.在计算和运用相对指标时,要注意(   )。

    A.正确选择对比基数   B.保持分子、分母的可比性

    C.综合运用多种相对指标   D.将相对指标与总量指标结合运用

7.时间数列主要分析研究现象发展变动的数量特征和规律,常用的分析方法有( )。

A.动态对比分析　　B.动态平均分析　　C.定性分析　　　　D.定量分析

三、判断题

1.某产品成本计划完成程度指标为95%,因为指标值小于100%,所以该产品成本未完成计划。 (　　)

2.在变量值一定的情况下,权数对平均数大小起着权衡轻重的作用。 (　　)

3.标志变异指标可以衡量平均指标代表性的大小。一般标志变异指标越小,平均指标代表性越小;标志变异指标越大,平均指标代表性就越大。 (　　)

4.增长量是报告期水平与基期水平之比,它反映了社会经济现象在一定时期内报告期比基期增减的绝对数量。 (　　)

5.由于采用的基期不同,增长速度有定基增长速度和环比增长速度之分,两者之间的关系是:定基增长速度等于环比增长速度的连乘积。 (　　)

6.平均发展速度是各个时期环比发展速度的序时平均数。 (　　)

四、计算题

1.祥和公司2011年某产品单位成本为550元,计划规定2012年成本降低5%,实际降低7%,试计算2012年降低成本计划的完成程度,并计算2012年单位成本的计划数和实际数。

2.已知某产品有关资料如下表所示。

企业	2011 年		2012 年	
	单位成本 /(元/件)	产量/件	单位成本 /(元/件)	产量/件
甲	7	40	6	300
乙	6	50	5	350
丙	8	60	7	420

试比较两年的平均单位成本的大小。

3.某产品在四个商场的价格分别是65元、62.5元、60元和62元,4个商场的销售额分别是3 510元、3 000元、5 400元和4 650元,试计算该产品的平均价格。

4.台北商场2013年商品库存额资料如下表所示,试计算该商场2013年的平均库存额。

台北商场 2013 年商品库存额

时　间	1 月 1 日	3 月 15 日	6 月 30 日	10 月 15 日	12 月 31 日
商品库存额/万元	38.6	42.4	36.2	38.0	44.8

5.我国某省 2007—2013 年客运量资料如下表所示。

我国某省 2007—2013 年客运量

年　份	2007	2008	2009	2010	2011	2012	2013
客运量/亿人	153.4	160.8	158.7	176.7	184.7	202.4	222.8

试根据表中资料计算:

(1)逐期增长量和累计增长量。

(2)环比发展速度和定基发展速度。

(3)环比增长速度和定基增长速度。

(4)2007—2013 年平均发展速度和平均增长速度。

五、实务题

1.同学们对所收集的资料,以小组为单位进行审核和整理之后,运用所学的分析方法,进一步对调查资料进行分析,得出分析数据。

2.案例分析

案　例

中国消费水平提高,农村城镇恩格尔系数均降

国家统计局发布《2013 年国民经济和社会发展统计公报》显示,2013 年中国农村居民恩格尔系数为 37.7%,城镇居民恩格尔系数为 35.0%,均较上年下降。

恩格尔系数反映食品支出占家庭支出的比重,用公式表示为:恩格尔系数(%)=食品支出总额/家庭或个人消费支出总额×100%

通常来讲,越富裕的家庭,食品支出所占的比例越低。根据联合国粮农组织的标准划分,恩格尔系数在 40%～49% 为小康,30%～39% 为富裕,30% 以下为最富裕。

国家统计局副局长谢鸿光评读公报称,2013 年中国居民消费水平持续提高。2013 年农村居民恩格尔系数为 37.7%,比上年下降 1.6 个百分点;城镇居民恩格尔系数为 35.0%,比上年下降 1.2 个百分点。

统计公报显示,限额以上企业商品零售额中,金银珠宝类、家具类、通信器材类

等热点消费领域销售额均实现了 20% 以上的增长,汽车类销售的增速也比上年加快 3.1 个百分点。年末全国民用轿车保有量达 7 126 万辆,增长 19.0%,其中私人轿车达 6 410 万辆,增长 20.8%。

根据以上案例分析:

(1)恩格尔系数属于对调查资料的静态分析还是动态分析? 具体属于哪个分析指标?

(2)请你记录自己一个月的生活费收入和支出情况,并以此为依据,计算该月的食品消费总额和恩格尔系数。

任务 8
我们如何撰写市场调查报告

任务目标

1.了解市场调查报告的定义、种类及结构。
2.掌握撰写市场调查报告的原则及要求,培养学生实际动手能力,学会撰写市场调查报告。
3.熟悉口头调查报告的内容和资料准备工作,掌握进行口头调查报告的技巧。

实训项目

撰写市场调查报告。

学时建议

1.知识性学习 6 学时。
2.完成实训项目 8 学时。

【导学语】

在充分收集资料并进行整理与分析之后,需要撰写出有价值的市场调查报告,这也是市场调查最终结果的体现。

你通过市场调查收集的资料是否充分?

通过对资料的整理、分析,我们还要做什么?

案例导入

当代大学生消费状况调查报告

当前的消费市场中,大学生作为一个特殊的消费群体正受到越来越大的关注。由于大学生年轻,群体特别,他们有着不同于社会其他消费群体的消费心理和行为。一方面,他们有着旺盛的消费需求,另一方面,他们尚未获得经济上的独立,消费受到很大的制约。消费观念的超前和消费实力的滞后,都对他们的消费有很大影响。特殊群体自然有特殊的特点,同时难免存在一些非理性的消费问题。为了调查清楚大学生的消费问题,我们决定在身边的同学中进行一次消费调研,弄清楚大学生要花多少钱,花在什么地方,花得是否合理,如果不合理怎样改进……

本次调查大部分在校园内进行,主要采取随机抽样、街头拦截和部分访谈方式进行。共发放问卷400份,收回有效问卷360份。我们对收回的问卷中有代表性的问题,进行数据统计和具体分析,本次调查的结果表明如下:

一、消费状况呈多元、多级、分层态势

1.总消费额统计结果表明,月消费额主要集中在800~1 200元和1 200~1 500元之间,对于一个基本算作纯消费的群体而言,数值合理,比发达城市结果略低。

2.饮食方面支出居于500~800的人数最多,"吃饭消费"占总消费的比例较高,达到73%,符合这一群体的特点。虽然这一数据受限于各个高校的物价水平,并且与性别、个人饭量的关系较大,但还是大体反映本地区大学生消费支出的情况。

3.通信费用问卷结果表明,手机拥有率几乎达到100%;月花费高于100元的占到43%,已经接近一半。对于这部分人,按照每条短信0.1元,话费每分钟0.3元计算,就意味着每天要打十几分钟电话或是发几十条短信,显然,这些不是都有必要的。也就是说,在手机消费方面,不理性、高开销的情况还是存在而且颇严重。

4.打工目的方面最高的选项是增长社会经验,可以看出,大部分人做家教的目的不在于经济方面,而只是为增加社会阅历,由这点也可以看出大家普遍的经济状况较好,有足够的资金应付日常支出。

5.生活资金来源方面,九成以上的被调查者主要是由父母或家庭提供,这是当代大学生的普遍情况。很多社会因素我们无法改变,但是我们需要关注的是,很多人居然认为这是天经地义的事,即使做家教,也不是为了减轻父母的负担,或是尽早经济独立,大家经济独立意识之差可见一斑。

6.自我评价结果显示,71%的被调查者认为花销较大,与自己的预期不符。可是,大家又一直保持着这种花费势头,这也算是大学生消费心理脆弱的一定表现。

二、大学生消费群体特性

综合以上的数据我们可以看出:具有多种经济状况和消费能力的大学生群体,他们像鸡尾酒一般拉开层次,并且区分程度相对稳定。这种经济上的差异和分层不仅取决于他们不同的价值取向、思维方式和性格特征,而且也是地域经济差异性的反映。但是大学生作为一个群体在消费方面是有一些共性的特点的。

1.理性消费是主流。价格、质量、潮流是吸引大学生消费的主要因素。从调查结果来看,讲求实际、理性消费仍是当前大学生主要的消费观念。总体来说上大学生的消费仍然处于"温饱"阶段,即吃饭穿衣仍然是支出的主要方面;但是这种"温饱"已经有向"小康"过度的趋势了(这点由我们日益增多的手机支出,潜在恋爱支出就可以看出)。

2.消费层次一定程度两极分化,消费结构存在不合理因素,女生更为突出。据调查,武汉大学生中年消费最高的达到58 500元,而年消费最低的只有6 100元。大学生年支出均值为13 383.96元。这其中有92.7%的大学生把家庭供给作为最主要的经济来源,占其总消费的70%以上。消费的主要组成部分以生活费用和购买学习资料、用品为主。在生活费用中,饮食费用又是重中之重,按照武汉地区的物价水平,以学生在校每天消费20元左右用于基本饮食需要来估计,学生每月净饮食费需600元左右。我们惊奇地发现,在被调查的242名女生中,67%饮食费用在600元以下,有的为了保持苗条身材控制自己的食欲,有的为了节约支出不顾营养需要只选择廉价的饭菜。

而部分家庭收入高,对学生的经济供给多,构成大学生消费的一种特殊的奢侈格局,主要表现在旅游、聚会、交友、电脑、购物等方面的消费上。可见,大学生的消费差距增大,两极分化也比较分明,这在我国当前剧烈转型的社会大背景下有一定的必然性。

3.丰富大脑不惜钱。调查中我们发现:由于就业单位对高学历的要求,现在一些大学生读完专科升本科、读完本科读硕士,成批量地买回参考书。还有一些学生则在读本专业的同时,辅修其他学科,为自己就业积累知识资本。在旁听课程、购买资料等消费项目上,他们出手大方,而且家长对此项消费的投入也是乐此不疲。

4.过分追求时尚和名牌,存在攀比心理。一些同学指出,为了拥有一款手机或者换上一款最流行的手机,有的同学情愿节衣缩食,甚至牺牲自己的其他必要开支;有些男同学为了一双名牌运动鞋,有些女同学为了一套名牌化妆品或者一件名牌衣服,不惜向别人借钱甚至偷钱以满足自己的欲望等,都可以反映出一些学生不懂得量入而出,而虚荣心的驱使又极易形成无休止的攀比心理。

5.恋爱支出过度。在访谈调查中我们发现,一部分谈恋爱的大学生每月多支出200~300元,最少的也有100元左右,最高的达到500元。他们大多承认为了追求情感需要物质投入,经常难以理性把握适度消费的原则。

三、结论与建议

综合以上分析,我们可以看出大学生的消费心理总体上处于成长健全期。他们在质量、价格、品牌、情绪等诸多影响购买的因素里面,他们首先考虑质量的因素,但更注重品牌与情绪的影响。因此可以说大学生充满的是感性而略掺有理性的消费观。而对于流行与时尚的追求似乎更是一个令人彷徨的十字路口。适度的追求是合理的,但过分的攀比会产生危险的影响。通过调查,我们能提出什么建议呢?

1.增强独立意识,培养和加强理财能力。现今的大学生需要懂得如何在激烈竞争的社会中生存,那独立理财能力就成了重中之重。理财不是简单的四则运算,不是简单的收支平衡,它需要长期的理性积淀,个人盲目的冲动不是独立,是任性的表现,我们需要的不仅仅是脑中有独立的概念,更迫切的是独立的行动和理性的思考。

2.克服攀比情绪。攀比心理的形成不可避免。首先,我们应树立适应时代潮流的、正确的、科学的价值观,逐渐确立正确的人生准则,给自己理性的定位。大学生的确需要竞争意识,但并不是所有的事物我们都需要争,生活上次于别人,并不可耻,没有必要抬不起头来。大学生的基本生活消费大体上是现实的、合理的。但离散趋势明显,个体差异大,这主要是生源来自全国各地,由于家庭情况的不同和消费习惯的差异造成的。在以寄生性消费为主的大学生中,培养独立的理财能力、科学的价值观应是当务之急。

3.形成大学生良好消费风气。良好校风是师德师风和学生学习、生活作风的有机组合。其中学生的消费心理和行为是体现学生生活作风的重要部分。在校园文化建设中设计有关大学生健康消费理念的活动专题,并且持之以恒,以大学生良好的消费心理和行为促进良好生活作风的形成,进而促进良好学风、校风的巩固与发展。

思考:这份调查报告由哪几部分构成? 主要讲到了哪些方面的问题?

【学一学】

8.1　市场调查报告的特点及结构

8.1.1　市场调查报告的定义和特点

1)市场调查报告的定义

(1)什么是报告

报告是向上级机关汇报工作、反映情况、提出意见或者建议、答复上级机关的询问时使用的公文。

报告使用范围很广,按照上级部署或工作计划,每完成一项任务,反映工作中的基本情况、取得的经验教训、存在的问题以及今后工作设想等,一般都要向上级写报告,以取得上级领导部门的指导。

同样,领导交办的市场调查任务完成之后,也要写出一份正式的市场调查报告。

(2)什么是市场调查报告

市场调查报告是在对市场上某项工作、某个事件或问题,经过深入细致的调查并对所收集的资料进行系统整理、分析研究之后,以书面形式向组织和领导汇报调查情况的一种文书。

市场调查报告以文字、图表等形式将调查研究的过程、方法和结果表现出来,是一项市场调查活动的最后成果。

许多管理者并不一定涉足市场调研过程,但他们将利用调查报告进行经营决策,因为市场调查为企业进行营销决策提供了依据。一份好的调查报告,能对企业的市场策划活动提供有效的导向作用。同时,对于各部门管理者了解情况、分析问题、制定决策、编制计划以及控制、协调、监督等各方面都能够起到积极的作用。如果调查报告写得拙劣不堪,再好的调查资料也会黯然失色,甚至可能导致市场活动的失败。因此,作为一名调查人员,必须把握撰写调查报告的技巧,怎样撰写调查报告是充分体现调查质量的关键环节。

提示 在进行完调查之后,必须写出调查报告。

(3)调查报告的表现形式

市场调查报告一般有两种表现形式:书面报告和口头报告。

口头报告一定要简明扼要,说明事件的基本情况及建议采取的解决办法,剩下的事情由决策者决定。书面报告以书面的形式呈现,要求详细阐述事件的起因、经过、结果及存在的问题,并提出可以采取的措施及理由,要求文字要简练,篇幅不能过长。

(4)撰写市场调查报告的关键要素

在撰写市场调查报告的时候,要注意以下两个关键问题:

①谁是调查报告的读者? 你写的调查报告是给谁看的?

②本次调查研究的目的是什么? 整个市场调查报告的撰写要围绕市场调查研究的目的来进行,如果脱离了目的,市场调查报告的撰写就失去了意义。

2)市场调查报告的特点

市场调查报告具有以下几个特点:

①真实性。调查报告是在占有大量现实和历史资料的基础上,用叙述性的语言实事求是地反映某一客观事物。调查报告所反映的内容必须是调查研究的结果,是经过调查亲自了解到的情况,绝不能是道听途说、东拼西凑的东西。

在调查报告中,不仅主要人物和事实要真实,就是事件的时间、地点、过程及各种细节,也要绝对真实,不能有半点浮夸和虚假。充分了解实情和全面掌握真实可靠的素材是写好调查报告的基础。

②针对性。进行市场调查研究,撰写调查报告,是为了解决实际问题和调查报告必须明确要解决什么问题。因此,市场调查报告要有很强的针对性。同时,也只有针对某个问题进行调查,才容易调查得深入,走马观花式的泛泛调查,是不会有太大的收获的。

一般来说,针对性越强,调查的效果就越好,调查报告的作用也就越大。在某种意义上说,针对性是调查报告的灵魂。针对性不强的调查报告一定是盲目的、毫无意义的。

③典型性。调查报告所反映的内容,无论是经验还是问题,都应具有典型性,要能起到以局部反映全局或以"点"带"面"的作用。调查报告如果所反映的只是没有任何典型意义的孤立的个别事例,则不会对工作有指导意义。

④时效性。市场信息瞬息万变,经营者的机遇也是稍纵即逝。市场调查滞后,就失去了其存在的意义。因此,要求调查行动要快,同时也要求迅速、及时地将调查报告写出来,帮助经营决策者抓住机会,在竞争中取胜。

3)市场调查报告的种类

市场调查报告的种类很多,按照不同的分类,有不同的类型。

①按服务对象可分为:市场需求者调查报告(消费者调查报告)和市场供应者调查报告(生产者调查报告)。

②按调查范围可分为:全国性市场调查报告、区域性市场调查报告和国际性市场调查报告。

③按调查频率可分为:经常性市场调查报告、定期性市场调查报告和临时性市场调查报告。

④按调查对象可分为:商品市场调查报告、房地产市场调查报告、金融市场调查报告和投资市场调查报告等。

8.1.2　市场调查报告的结构

调查报告一般由标题和正文两部分组成。

1)标题

标题是引起读者注意的关键因素,常常是文章中心内容和基本思想的集中体现,因而标题也就成了文章的"眼睛"。一个好的标题要求生动、明确、针对性强,能够吸引人。

标题有如下几种表现形式:

①直接陈述调查的对象或调查的问题,使调查的主要内容一目了然。

例如:对武汉市连锁超市经营情况的调查报告。

②以某种结论式的语言或判断句作为标题。

例如:服务不到位,超市难以生存。

③以提问的形式作为标题。

例如:本土超市如何面对市场竞争?

④双标题的形式,既有主标题又有副标题。

例如:他们为什么热衷于促销活动?

——对武汉市超市经营情况的调查报告

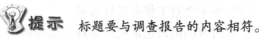 **提示** 标题要与调查报告的内容相符。

不能为了引起读者的注意而使用超出报告内容的标题。

2)正文

正文一般分前言、主体、结尾 3 部分。

(1)前言

前言是调查报告的开头部分,主要包括 3 个方面内容:

①简要说明调查目的,即简要地说明调查的由来和委托调查的原因。

②简要介绍调查对象和调查内容,包括调查的时间、地点、对象、范围、调查要点及所要解答的问题。

③简要介绍调查研究的方法。介绍调查研究的方法,有助于使人确信调查结果的可靠性。导言部分的文字要力求言简意赅,内容概括,条理清晰。

(2)主体

主体是调查报告的主要部分,包括调查对象的基本情况、主要特点、在具体经营活动中的做法,通过调查所发现的问题等。

主体部分要写得具体深刻、层次分明、详略得当、逻辑严密、层层深入,注意总体的概括性,用数据说话,用事实说话。

通常采用的写作安排有:

①按调查顺序写,就调查的问题逐个阐述清楚。

②按事情发生、发展、变化的过程写。如:事情发生的时间、地点、原因、产生的作用、经验教训,使之先后有序,条理清楚。

③把两种事物加以对比来写,每个部分加上小标题,使之脉络清楚。

总之,在写这部分内容时,应注意使用的调查材料一定要经过分析研究,集中概括,不能简单地堆砌,并注意一切结论产生于调查情况的末尾,而不是在它的开头。

提示 主体部分所占的篇幅最大,内容最多,在结构上要精心安排。

(3)结尾

结尾主要是小结调查研究所得的成果,包括调查的结论,解决问题的方法、建议等,供有关部门决策时参考。这也是撰写市场调查报告的主要目的。

结尾部分在写法上要求简明扼要,抓住调查结果中最关键、最有价值的结论,起到"画龙点睛"的作用。

结尾的写法也比较多,可以提出解决问题的方法、对策或下一步改进工作的建议;或总结全文的主要观点,进一步深化主题;或提出问题,引发人们的进一步思考;或展望前景,发出鼓舞和号召。

结论和建议与正文部分的论述要紧密对应,不可以提出无证据的结论,也不要没有结论性意见的论证。结论的提出可以采取列举几种可供选择的方案的形式,说明企业可以自主地采取哪些步骤,以及每种方案可能的开支和达到的结果。调查人员对此应进一步提出自己的建议,即企业应当选择哪一种实施方案,每一点建议都要说明其可行性,以及要注意的问题。

例 文

武汉市中职学校就业现状调查报告

为了深入了解本市中职毕业生的就业状况,找出存在的问题,分析问题产生的原因,并提出有针对性的对策和建议,特进行此次调查。调查由本市5所商贸类中职学校承担,调查方式为问卷式访问调查。各项调查工作结束后,该学校将调查内容予以总结,其调查报告如下:

一、调查的基本情况

调查对象:抽取武汉市5所中职学校2011届毕业生100名和15家相关用人单位作为调查对象。

调查时间:2012年7—8月。

调查方式:填写问卷、实地走访。

本次调查选取的样本总数为100份,收回有效问卷100份。

二、中职毕业生就业总体概况

1.毕业生就业率:近年来,我市中等职业学校毕业生一次性就业率保持在90%以上,其中2011年以来的就业率均保持在93%以上。

2.就业趋向分布:进企、事业单位直接就业是毕业生的首选,近年来其人数均超过毕业生总数的一半以上,且绝对人数和所占比例都呈扩大态势;其次是升入高一级学校继续学习。2011年以来,两者的合计比例均占毕业生总数的95%以上。

3.就业的产业分布:从人数分布上看,二产类和三产类专业毕业生占绝大多数。2011到2012年,二产类、三产类专业毕业生合计人数占总数的98.5%。

三、存在问题

中等职业学校毕业生高就业率下，突出反映出就业质量不高这一问题，具体体现在专业对口率低、工资待遇不高和工作不够稳定等方面。

1.专业对口率不高，学非所用的现象比较严重。中等职业教育主要培养从事生产一线操作或管理技术工作的人员，其就业的最大资本或优势就是专业特长。但从实际情况看，一半以上的毕业生认为初次所从事的岗位与自己所学的专业不对口或基本不对口，只有35%的毕业生认为初次工作岗位与自己所学专业对口或基本对口。

2.工资等福利待遇不理想。学生工作的平均月工资由初次工作时的1 282.16元上升到跟踪调查截止日的1 692.38元，只增加了410.22元。另外，有34人的就业单位尚未为其交纳社会保障金，占调查学生的三分之一强。

3.工作稳定性较差。从2011年7月到2012年8月，100名毕业生中，已有45名毕业生更换了单位，占45%。在这45名学生中，52%的毕业生在初次工作6个月以内就更换了工作单位，许多毕业生尚未满试用期就换了单位。在15家用人单位的调查中，也有近一半的用人单位认为中职毕业生的工作不够稳定。

四、原因简析

造成本市中等职业学校毕业生就业质量不高的主要原因有来自社会环境、政策措施、学校培养和家庭个人等各个方面的因素。

1.首先是社会环境和政策措施方面的原因。应该看到，目前社会上轻视职业教育、重视高学历文凭、轻视技术劳动的现象仍比较严重。其中的一个重要的表现就是技能型人才的价值无论是从薪资上还是晋升通道上尚未能得到充分的体现和保障。重学历教育的现实也导致了职业学校的生源素质大幅下降，这也直接影响到毕业生的就业质量。通过对15家用人单位的调查也显示，近一半的用人单位表示今后基本不需要中职毕业生，其原因除单位自身的需求外，主要是对目前中职生的综合素质和动手能力方面有顾虑。

2.其次是职业学校在培养方面的原因。目前部分职业学校正面临着"结构性失业"。一方面，某些专业的学生比较难对口就业；另一方面，许多技能型职位却长期空缺，无人问津。这些空缺的职位主要集中在制造类和部分现代服务类行业。

3.再次是家庭或学生自身方面的原因。受社会大环境的影响，许多家长和学生自身看不起职业教育或所从事的技术工作。目标定位不准，现实情况与期望值往往相去甚远。

五、建议

1.努力提高技能型人才的整体社会地位，并形成有利于技能型人才成长的良好社会氛围。其中,建立合理的技能型人才薪酬标准是转变就业观念,提高技能型人才社会地位,以及改变目前用人价值取向的一个根本举措。

2.加强中等职业学校的专业建设和课程开发。一方面,要进行专业调查和预测,使专业设置与社会需求紧密结合,增强人才培养的针对性;另一方面,要加强衔接课程的开发,努力促进职业教育与普通教育的贯通,提高学生的综合素质。

3.职业学校要通过校企合作、工学结合等途径,进一步与企业联合搞好职业学校的实践教学和"出口"环节。

4.开设就业指导课,大多数学校就业指导课一般在三年级上学期开设,毕业生在临近毕业时才开始接受学校的就业指导课培训,时间明显滞后,就业指导课从新生入学就应开设。

8.2　撰写市场调查报告的原则及要求

8.2.1　撰写市场调查报告的原则

在撰写市场调查报告的时候,需要遵循下列原则:

1)实事求是原则

调查报告必须符合客观实际,如实反映客观情况和问题。对报告中引用的事例和数据材料要反复核实,不能为了迎合客户胃口,专挑他们喜欢的材料写,或者为了其他商业利益,弄虚作假,要防止片面性和误导。

2)客户导向原则

应明确调查报告是为客户而写,为客户服务,必须为客户解决实际问题。通过调查报告实现市场调查与客户之间的有效沟通,满足客户的咨询需求。

如果所编写的市场调查报告是给经理看的,则要注意以下问题:

①多数经理很忙,没有时间看很长篇幅的内容。

②他们中大多数很少精通市场调研与预测的某些技术和术语,故应尽量使用通俗易懂、简单明了的语言。

③如果存在多个阅读者和使用者,通常他们之间会有需求和兴趣方面的差异。

④经理人员和常人一样,不喜欢冗长、乏味、呆板的文字。

3)突出重点原则

调查报告在全面系统地反映客观事物的前提下,要突出调查的目的,实现报告的针对性、科学性。结构要条理清楚,语言要准确简练,所说的问题要写得明白、实在。调查结论要明确,切忌模棱两可,不着边际。

4)走群众路线原则

在整个撰写过程中,要听取各方面意见,集思广益。

8.2.2 撰写市场调查报告的要求

在撰写市场调查报告时,应该注意下列问题:

①调查报告的长度,以将问题说清楚为前提,宜短不宜长。

②尽量使用普通的术语。

③在正式撰写前,应先拟订一个调查报告的提纲。

④遵循调查报告的格式。

⑤不要因为时间短而降低了撰写调查报告的质量。

⑥需要进行反复的修改。

⑦有效地使用一些图表。使用图表要适当,不要让一个图表表达过多的意思,并且要与文字解释结合起来。

学生习作

关于武汉市超市经营情况的调查报告

2012 年 5 月 8—18 日,我们对中百仓储友谊路店、二七路店、古田路店以及大福源综合超市四家超市的经营情况与顾客购买心理进行了一次实地调查,这四家超市处于武汉市繁华地带,顾客给的评价都有非常高,本次调查采用了随机抽样法、观察法和访问法,共访问了近 100 名顾客和 40 位销售人员。

这项调查主要针对商品的陈列、销售人员的服务态度、顾客的购买心理及对超市各因素的反映情况。

一、超市目前的经营情况

包括管理人员的素质因素,供货人员对供货商品的认识,对消费者的购买心理及其产生购买动机的理解,管理人员对消费者的购买动机及消费层次的分析及其理解。

1.商品陈列

商品陈列是否整齐醒目,价格标签是否清楚可反映出这个超市里员工的素质及超市的经营情况。根据我们调查统计,超市里 80% 以上的商品陈列比较整齐,但有部分商品陈列不够醒目。比如,将人们在日常生活中用得较多的商品放在一个较醒目位置让顾客一进门就能注意到这些商品,再做一个大一点的价格标签放在上面,最好在标签上写明商品的主要特点,让顾客更好地了解它。

2.销售人员的服务状况

员工的服务态度最能表现出职业素质,这可以直接影响到超市的社会形象。一个好的员工可以在无形中给企业带来许多顾客;相反,一个不合格的员工也可以给企业丢掉许多老顾客。我们在调查过程中发现,这几家超市里,有 70% 的员工算是合格的,其服务态度较好,其中有 30% 的员工服务态度较恶劣,在顾客拿起商品琢磨不定时,竟然没有销售人员过来招呼顾客,这种现象在超市里是不能出现的。还有一些员工在介绍商品时,心不在焉的,介绍不全甚至还会出现对顾客不礼貌的行为,这些员工需要再次接受专业培训,他们必须做到顾客至上,因为顾客就是上帝,对顾客的问题要诚恳地回答。

二、消费者的购买心理及其类型

根据各种消费习惯和消费心理,我们可以了解并支配消费行为和生活习惯,根据调查显示,节俭型消费观念的人占 43%,实用型消费观念的人占 55%,这两者构成了消费者的主体,另有 2% 人的是潇洒型的,他们代表了消费潮流中的现代派。

根据上述资料,我们大致可以区分三种典型的消费类型:

1.节俭型消费者

他们只要求商品价格便宜和实用,主要是以买国货为主,很少受到广告和社会流行影响,对超市的环境和服务态度没有过高的要求,其主要以中低收入者和中老年的传统型消费者为主。

2.享受型消费者

他们将购物视为一种消遣,他们关心时尚和广告,重视名牌,喜欢进口货,把流行放在首位,他们的消费行为主要是满足自尊,是一种心理消费。这主要是一些高收入的中青年消费群体。

3.实惠型消费

他们购物以实惠为主,兼顾款式和时尚,他们是中等收入的中青年消费群体。

总之,这几家超市的经营方法都很好,售后服务也做得比较到位,消费者都比较满意,给的评价也比较高。可以说消费者买得高兴,买得实惠,同时也照顾到了超市,超市也卖得满意,双方都得到了利益。与此同时,超市也赢得了"顾客的心",超市找到了他们长远的顾客,这种两全其美的绝招在这几家超市里都能体现出来。

思考：上面是一组学生通过对武汉市4家超市调查之后所写的调查报告。这篇调查报告有哪些值得肯定的地方？还存在哪些问题需要改进？

8.2.3 统计数据的使用

1）对统计数据的甄选

面对当前信息爆炸的年代，各类耸人听闻的数据吸引着我们的眼球。人们相信并依赖这些统计数据，用来判断经济形势，衡量生活质量，比较商品优劣，等等。为了从众多的数据中脱颖而出，数据的提供者使用了各种修饰方法，有意地夸大统计数据或丢弃那些不符合其观点的数据。例如：宣称洗发水能补充头发氨基酸，"能够让头发十倍坚韧，效果能够持续终身"。宣称香皂含有抑菌成分，"能有效去除99%皮肤接触的细菌"，等等。为了让人们印象深刻，于是，采用种种小技巧放大一部分数据，让他们看起来更醒目，却隐藏了事实。

一些"善用"者可以轻而易举地"加工"出自己需要的数据，也不能说这些数据是虚假的，特别是一些公司的业绩报告，一些所谓权威机构的经济调查数据，他们也都是使用常规的统计方法，只是他们筛选了一下，把他们最喜欢的那部分给你看。

数据虽然不会说谎，但并不表示数据反映的都是真相。数据一旦被人利用同样也会掩盖事实真相。有一定统计学基础的人应该知道，从数据的定义，数据搜集的方式，到对数据的分析方法以及对其结论的解读，同一组数据可能会由于研究者不同的取向，而导出截然相反的结论。因此，虽然数据不会（也不能）骗人，但它还是具有一定蒙蔽性的。

那么，如何在这一大片数据的海洋中找出可靠、有用的资料呢？

2)使用统计数据应注意的问题

①准确理解统计数据的指标含义,防止误用。

②灵活运用绝对数、相对数和平均数。

③适当选用一些有关指标,最好使用指标体系。

④将不同时期、不同区域、不同单位的统计数据进行比较时,注意统计数据的可比性,同时,还要注意数字表象背后潜藏的问题。

⑤避免一种倾向:数字的简单堆砌。

⑥把数据写活。运用创新思维,尽可能地把抽象的数字形象化,让它以一种可感的形式出现,赋予数字以生命,让它们"活"起来,"动"起来。

如,《长江商报》报道:《印度 12 亿国民将统一发身份证 叠加厚度等于 150 个珠峰》;《人民日报》报道:《全国自行车一秒产一辆》,导语写到:"平均每滴答不到一秒钟,就有一辆自行车出厂。"

⑦避免使用专业性太强的数据分析过程。应用各种统计研究手段分析数据是为了更加直观地了解经济现象,但要避免用大的篇幅描述计算和分析过程。

统计数字是特别有用的,只要能够小心地使用统计数字,并加以适当的解释,使这些数字对公众产生意义,它们就能够有效传达出消息。最重要的是,应该理解自己引用的统计数字,并适当地加以利用。由于数字很容易受到操纵和扭曲,因此,确保数字具有代表性,能够说明所度量的内容,同时,还要确保正确地使用统计尺度,并且只能利用从可靠来源获取的数据。

8.3 口头报告

8.3.1 口头报告的含义及优点

1)什么是口头报告

为了使繁忙的决策人员或读者能在短时间内对报告有一个完整清晰的概念,市场调查人员在写出书面市场调查报告的同时,准备一份向决策者进行口头汇报的材料,以便及时向决策者提供重要资讯。这是一种直接沟通的形式,它更能突出强调市场调研的结论,使相关人员对市场调研的主题意义、论证过程有一个清晰的认识。

2)口头报告有什么优点

①花费的时间少,见效快,节省决策者的时间与精力。

②讲述后对听取者能留下较深刻的印象。

③口头汇报后可以直接进行沟通和交流,提出疑问,并作出解答等。

事实上,对于一项重要的市场调研报告,通过口头报告能够与决策者面对面接触与交流,讲述成功,能够给领导留下深刻的印象。

采用口头报告的形式,通常利用正式或非正式的场合,将相关人员召集在一起,共同探讨和认识调研的目的和方法,突出强调调查的结论。经验表明,口头报告的价值越来越为人们所重视,它不仅起到了对书面报告的有力补充和支持作用,同时,它还具有书面报告所没有的功能。

8.3.2 口头报告的内容

进行口头汇报,也和做书面报告的原则一样,要针对报告的服务对象确定其内容和形式。有效的口头汇报应以听众为核心展开。

汇报者在汇报时要考虑听众的教育背景、时间因素、态度、偏好等。针对相关的词语、概念和某些数字进行适当的解释。如:高层管理人员希望的是在有限的会议时间内听取调研的主要发现、结论和建议,如果他们中有人对技术问题感兴趣,可以在会后阅读书面报告。如果是向商务咨询班子作汇报,则需要在技术问题上有条理地进行阐述。

在设计口头报告内容的时候,应该考虑以下问题:

①数据的真正含义是什么?

②我们能从数据中获得些什么?

③在现有的条件下,我们应该做什么?

④将来如何才能进一步提高这类研究水平?

⑤如何能使这些信息得到更有效地运用?

8.3.3 口头报告的材料准备

口头报告前,应做以下4种材料的准备工作,即汇报提纲、可视化软件包、摘要和最终报告的复印件。

1)汇报提纲

应该向每位听众提供一份汇报提纲,该提纲应能简要介绍报告的主要部分及重大的研究成果。它不仅应包含统计图表,而且应留下足够多的空白处供听众做笔记或作简要的评论。

2) 可视化软件包

国内目前流行的方式是应用 PowerPoint 软件包来作为可视化的提供媒介。该软件包可供研究员运用各种格式制作幻灯片,然后通过笔记本电脑或任何多媒体平台将幻灯片投射于屏幕上。作口头汇报时,应该在很大程度上通过可视化媒介来展示研究成果,图、表等在关键部分应尽可能地被运用。在应用图表时,应该通过色彩选择,提高人们对感兴趣部分的注意力,摘要、结论和建议也应尽可能可视化。

3) 摘要

应向每位听众提供一份摘要的复印件。这个方法将让每位参加者预先了解报告的主要内容,而避免让他们在参与会议时埋头记大量的笔记,从而影响听报告的效果。

4) 最终报告的复印件

这个最终报告是研究成果的书面证明。它让每个人清楚,在口头报告中许多细节都被省略掉了。在口头汇报的尾声阶段,应该让感兴趣的人得到一份最终报告。

8.3.4　口头报告的技巧

口头报告必须进行十分充分、细致、周到的准备。从总体上说,口头报告的内容总是以调查的结果为基础,以准确介绍有关情况为基本出发点。但是具体说来,针对不同的听众及其不同的要求,口头报告的内容、侧重点应该有所不同。比如,在有书面报告和无书面报告的情况下,对口头报告的内容会有影响。口头报告实际上对市场调查者提出了很高的要求,不管具体内容有何不同,都要进行精心组织、认真策划,力求简练清晰,才能取得较好的效果。

　　①在口头汇报的过程中,切忌照事先写好的发言稿宣读,而应该使用口语化的、简明的词句表达调研成果。

　　②要交代清楚所要讲的问题,注意不时提醒聆听者当前进入第几个问题。

　　③注意语调、语速,对于重点内容,要放慢说话速度,甚至可以重复。

　　④注意表情和动作的使用,因为形体语言也是重要的交流方式。

　　⑤注意掌握报告所需的时间,注意检查辅助器材的性能及相关资料是否齐全。

　　⑥作好答辩的准备。当然,这不是消极的应答和解释,而是要充满自信,富有感染力和说服力,即使是最可靠、最有效的调研成果,如果不能使管理者们相信其

重要性,也是毫无价值的。

【做一做】

一、实训活动

项目:撰写市场调查报告

◎ 目的

1.在收集有关资料的基础上,结合所学的营销知识对调查课题进行客观的分析,找出其中存在的问题,并提出自己的建议。

2.掌握市场调查报告的写作方法和写作技巧。

◎ 要求

1.以小组为单位,围绕调查的课题,写一篇2 000字以上的调查报告。

2.调查报告要求条理清晰、结构合理,事情的来龙去脉要交代清楚;语言简练、朴实、准确、生动,既要反映调查中发现的问题,又要提出解决问题的措施。

◎ 程序及注意事项

1.小组成员根据有关资料对调查报告进行构思,并提出自己的初步设想。

2.组长集中大家的意见并讨论调查报告的初步框架。

3.以小组为单位,写出调查报告初稿并交给老师审阅。

4.在反复修改的基础上,写出正式的调查报告并交给老师。

5.从小组中选派1名同学向全班同学作一次口头报告。

二、经典案例阅读

案 例

因材施教　教书育人　提高学生综合能力

一、调查目的

1.现代企业对人才的要求越来越高,劳动力就业和择业竞争亦异常激烈。作为培养实用型职业人才的中等职业学校必然面临严峻的挑战,学校办学质量的优劣直接决定着学生在激烈市场竞争中谋求职业及发展的能力。而学校培养的学生能否被企业认可和欢迎,则是决定学校生存和发展的重要因素之一。因此,了解学生情况,把握他们的思想动态,既是因材施教的客观基础,也是培养合格职业人才的必然要求。

2.近几年来,中职教育的生源质量下降,教育环境恶化,给培养、教育学生增加了一定的难度。同时,传统的教育模式不能很好地适应现代教育的需要。如何有针对性地对学生进行教育,真正做到因材施教,提高学生的综合能力,是摆在我们中职学校教育工作者面前需要尽快解决的问题。

3.作为市场营销专业学生,培养他们的市场调查与分析能力是适应现代企业需要的一个重要方面,也是体现中专学生动手能力的有效手段。结合在校市场营销专业所学《市场调查实务》课程,为更好地培养和锻炼他们开展实际调查活动的能力,我们组织了这次全校性的调查活动。

4.这次调查我们采用发送问卷的方式,对全校2 000多名在校学生进行问卷调查。在事先设计的问卷中,我们从学生的基本情况、学习情况、思想情况、对学校及学生日常行为规范的总体评价等方面进行考虑。在调查过程中,结合《市场调查实务》课程的教学进度,按市场调查的规范程序进行设计和要求,让学生明确掌握如何组织一次正式的调查活动。主要内容包括:提出设想(问题),明确调查什么?向谁调查?怎样进行调查?如何设计问卷?在问卷制作完成后确定调查小组,以小组为单位通过抽签确定需要调查的班级,并要求各调查小组与所调查班级的班主任衔接调查时间;然后下到各班分发问卷并督促填写和及时回收问卷。之后,对问卷进行审核和统计,汇总为最后的调查结果。从资料的统计结果看,同学们回答的问题比较客观和真实,所收集的有关资料对现代教育如何体现以学生为主体,有针对性地进行教学,真正做到"因材施教"具有一定的参考价值。

二、主要调查结果分析

1.在学生对中专学习情况进行评价时所得出的结论是:

(1)学生进入中职学校之后,学习情况有逐渐下降的趋势。与初中时比较,认为自己进步不大或退步了(甚至退步比较大)的比重超过了70%。

(2)学生对学习成绩好坏与今后就业的关系认识不清。而且呈现出年级越高,认为两者的密切程度越低。

(3)学生对自己所学专业没有表现出浓厚的兴趣,对所学的专业课程也存在不感兴趣的问题,对自己所学专业所要达到的目标和要求也不是很清楚。

(4)同学们对所学课程更强调实用性和可操作性,重视动手能力的培养;而对于理论性太强、枯燥乏味的课程非常反感。

(5)在对上课教师的要求上,有幽默感、平易近人,既教书又育人的教师深受学生喜欢;而成天板着面孔教训人,上课老一套,教学方法单调,基本功不扎实的老师不受学生欢迎。

（6）目前学生在学习方法上更热衷于应试教育一套：平时放松，考试临时突击；上课不认真听讲，下课借别人笔记抄；死记硬背。

（7）树立良好的班风直接影响着一个班集体学习风气和学生学习成绩的好坏。

2.在对学生思想情况进行调查时，较为普遍的认识是：

（1）同学们在集体与个人关系处理上，尚能明白个人利益和集体利益兼顾，但谁主谁次还不能很好地区分开来。

（2）班主任在同学们中专四年的学习和成长过程中将起到较大的作用。而同学们对班主任的要求是关心他们，与他们平等相处。对关心上有偏见，只关心成绩好的同学，对成绩较差的同学讽刺、挖苦的班主任则非常反感。

（3）同学之间在关系的处理上尚属正常，但也应该注意一些不和谐的"音符"。认为应该互帮互学、共同进步、相互尊重的超过了60%；但是也存在少数学生平时不太注意处理同学之间的关系；甚至看不惯心理就烦，他不求我我不求他，讨好某个同学等现象。

（4）同学们把班集体荣誉看得比较重，如何培养同学们的集体主义意识，增强集体荣誉感，是班主任要考虑的一个重要问题。

（5）同学们认为目前学校对学生的各项管理制度还不够严厉；大部分同学要求在管理上要严格，真正起到教书育人的作用。

3.在对学校及学生日常行为规范上的总体评价上：

（1）对全体学生日常行为规范的总体评价不高，加强学生行为规范的培养成为当务之急。日常行为规范包括文明礼貌、言谈举止、穿着打扮、尊师重教、学习氛围等五个方面的内容。

（2）学生中存在的一些违纪现象，甚至比较严重的违纪现象不容忽视，要及时发现问题及时进行纠正。

4.在让同学们对我校发展提出建议时，很多同学表现出浓厚的兴趣，他们提出的想法是：

（1）抓学生素质教育，重点培养学生的能力，提高学生适应社会的能力。

（2）严格学生的日常行为规范，加强对学生的管理，避免"该管的不管，不该管的死管"。

（3）创造良好的学习氛围，开设一些新的、适应社会需要的课程。

（4）提高老师的整体素质，加强师资力量，处理好老师与学生之间的关系，真正做到教书育人。

（5）多组织一些针对学生情况的调研活动，注意了解学生的意见和动态，采取正确的方法对学生进行教育。

三、我们的建议和对策

提高学生的综合素质直接决定着学校今后的发展。学生质量的好坏主要集中在两个方面，即：如何做人与如何做事，也就是通常所说的德性与能耐。两者的正确顺序应该是：先德性后能耐。好能耐不如好德性，明确告诫学生首先学会做人，而后学会怎样做事的本领。按照这一思路对学生进行教育与培养，为此，我们建议：

1.加强对学生的管理，注重他们的日常行为规范教育，让他们学会做人的规矩。

(1)转变学生管理的观念和模式，以规范学生的日常行为为重点，对现有规章制度进行清理、调整，并重新整合，制定有针对性的管理制度。强化制度的严肃性，坚持制度的连续性和公平性，维护制度的权威性。

(2)建立学生管理、奖励、处罚公示与通报制度，使管理规则广泛知晓、先进事迹充分彰扬、惩戒违纪公开警示。促成齐抓共管、弘扬正气、杀灭歪风的管理氛围。

(3)开展各种有意义的社会活动和校园文化活动，提高同学们的自立、自强意识，培养良好的思想品德和行为规范。

(4)培养学生的主人翁意识和社会责任感，调动学生自我服务、自我管理的积极性，培养学生的组织管理能力、沟通协调能力和团队合作精神。

(5)正确处理严格管理与关心爱护的辩证关系，对学生的管理要恩威并重，既要严格要求，又要关心爱护；多引导、少说教；多鼓励、少指责；树立他们的自信心。

(6)注重提高班主任的管理水平和管理艺术，加强与学生之间的相互沟通。班主任应及时把握学生的思想动态和行为变化，发现问题及时纠正，使管理工作能够起到良好的效果。

2.创造良好的校园学习氛围，培养学生自觉学习的积极性和兴趣；让学生能够真正掌握一技之长。

(1)在全校树立一种"认真学习光荣，不学习可悲"的学习风气，鼓励同学们认真、刻苦地学习。

(2)把学习成绩与各种奖励、就业推荐紧密挂起钩来，使学习成绩好的同学能够真正尝到甜头。

(3)以专业培养目标为出发点和归宿点，科学调整课程结构。根据专业培养目标及其定位的要求，遵循实用、够用和可操作性的原则，结合现代社会经济发展实际，科学地设定课程体系、课程结构和课程内容，使同学们明确学习的目的，增强学习的兴趣。

(4)努力提高教师队伍的综合素质，注意转变教学观念，不断加强业务学习，更新知识，提高学识水平；加强自身修养，增强掌握现代教学技术和手段的能力，不断提高教学水平。

（5）教师不仅要规范教学,注重实效;更要注意教书育人。老师在教学过程中,既要敢于管理,又要善于管理,要根据中专阶段学生的是非辨别能力、行为约束能力及心理特征发展变化规律,进行正确引导、规范教育、严格要求。作为老师,应放下架子,关心每一个同学,善于与同学们交朋友;更应以宽阔的胸怀正确看待和评价学生,特别是"问题"学生,多鼓励他们的进步,增强他们的信心,更不要计较"问题"学生曾经对自己的不敬,只要他们在进步,个人的得失又算得了什么呢?

（6）实施教育的名牌战略,努力培育学校的名牌专业和名牌学生,提高学校的知名度,增强学校和学生的竞争实力和竞争能力。

思考:读完这篇调查报告后,你有什么要说的? 我们应该从哪些方面共同努力?

【关键词汇】

1.报告

报告是向上级机关汇报工作、反映情况、提出意见或者建议,答复上级机关的询问时使用的公文。

2.市场调查报告

市场调查报告是在对市场上某项工作、某个事件或问题,经过深入细致地调查并对所收集的资料进行系统整理、分析研究之后,以书面形式向组织和领导汇报调查情况的一种文书。

3.口头报告

在写出书面市场调查报告的同时,准备一份向决策者进行口头汇报的材料,以便及时向决策者提供重要资讯。

【任务检测】

一、单项选择题

1.一项市场调查活动的最终结果是撰写有价值的（　　　）。

　　A.市场调查报告　　　B.市场分析　　　C.市场调查总结　　　D.论文

2.市场调查报告的主体是（　　　）。

　　A.标题　　　　　　　B.正文　　　　　　C.导言　　　　　　　D.附件

3.在调查报告中引用事例和数据时,专挑客户喜欢的材料写,违背了（　　　）原则。

　　A.客户导向　　　　　B.走群众路线　　　C.实事求是　　　　　D.突出重点

二、多项选择题

1.市场调查报告一般有两种表现形式(　　)。

A.书面报告　　　　　B.口头报告　　　　C.文字报告　　　　　D.图形报告

2.市场调查报告的特点有(　　)。

A.针对性　　　　　　B.写实性　　　　　C.科学性　　　　　　D.时效性

3.编写市场调查报告要遵循的原则有(　　)。

A.客户导向　　　　　B.走群众路线　　　C.实事求是　　　　　D.突出重点

4.口头调查报告前应做的材料的准备工作有(　　)。

A.汇报提纲　　　　　　　　　　　　B.可视化软件包

C.摘要　　　　　　　　　　　　　　D.最终报告的复印件

5.在撰写市场调查报告时,正确的做法是(　　)。

A.越长越好　　　　　　　　　　　　B.尽量使用专业术语

C.遵循统一格式　　　　　　　　　　D.多听取各方面意见

三、判断题

1.市场调查报告通常以文字、图表等形式将调查研究的过程、方法和结果表现出来。　　　　　　　　　　　　　　　　　　　　　　　　　　(　　)

2.调查报告的主体部分所占的篇幅最大,内容最多,在结构上要精心安排。

(　　)

3.数据不会说谎,并不表示数据反映的都是真相,有时它具有一定的蒙蔽性。

(　　)

4.口头调查汇报是一种间接沟通的形式。　　　　　　　　　　　　(　　)

四、问答题

1.市场调查报告的结构怎样? 在撰写的时候应遵循哪些原则和要求?

2.使用统计数据时,如何对统计数据进行甄选?

3.进行口头报告时如何精心安排? 应掌握哪些技巧?

五、实务题

以小组为单位,对调查资料进行分析,得出分析数据之后,着手撰写市场调查报告。

参考文献

[1] 任洪润.市场信息的收集与处理[M].北京:电子工业出版社,2006.

[2] 孙国辉.市场调查与预测[M].北京:中国财政经济出版社,2000.

[3] 袁方.社会调查原理与方法[M].北京:高等教育出版社,2000.

[4] 杨汉东.营销调研[M].武汉:武汉大学出版社,2004.

[5] 彭代武,肖宪标.市场调查　商情预测　经营决策[M].北京:经济管理出版社,2002.

[6] 张卓奇.市场营销基础知识[M].北京:中国财政经济出版社,2003.

[7] 吴健安.市场营销学[M].北京:高等教育出版社,2003.

[8] 张德鹏,汤发良.市场营销学[M].广州:广东高等教育出版社,2005.

[9] 张润彤.电子商务管理[M].北京:首都经济贸易大学出版社,2009.

[10] 许以洪,熊艳.市场调查与预测[M].北京.机械工业出版社,2010.

[11] 孟雷.市场调查与预测[M].北京:清华大学出版社,2012.

[12] 宋思根.市场调研[M].2版.北京:电子工业出版社,2012.

[13] 蒋萍.市场调查[M].2版.上海:格致出版社,2012.

[14] 市场营销论坛 http://www.marketingbbs.cn/bbs.php.

[15] 国家统计局 2007—2009 年有关整理资料.